SERGIO
FERNÁNDEZ

RECETA
a
RECETA

LOS MEJORES PLATOS
REGIONALES DE
LA COCINA ESPAÑOLA

SERGIO FERNÁNDEZ

RECETA
— a —
RECETA

LOS MEJORES PLATOS
REGIONALES DE
LA COCINA ESPAÑOLA

PLAZA JANÉS

Papel certificado por el Forest Stewardship Council®

Primera edición: marzo de 2018

© 2018, Corporación RTVE, S.M.E.
© 2018, Penguin Random House Grupo Editorial, S. A. U.
Travessera de Gràcia, 47-49. 08021 Barcelona
© 2018, de los textos y las recetas, Sergio Fernández Luque
© 2018, de las fotografías, Ana Gómez (www.qosen.eu)

Printed in Spain – Impreso en España

ISBN: 978-84-01-02084-1
Depósito legal: B-292-2018

Compuesto por Fernando de Santiago

Impreso en Cayfosa (Barcelona)

L 0 2 0 8 4 1

Penguin
Random House
Grupo Editorial

*A mi padre, maestro de amor, sencillez,
alegría y sonrisa perenne*

ÍNDICE

Receta a receta, pasito a pasito

Queridos lectores:

Receta a receta y paso a paso es el diario de a bordo de mis andanzas y aventuras culinarias por este gran país llamado España.

En cada aldea, en cada plaza, en cada rincón, siempre encontré una sorpresa, una sonrisa, un aroma y muchas ganas de compartir recuerdos, tradiciones, trucos y recetas. Todo ello ha sido parte de un viaje a los sabores con más encanto de la vida.

Durante este interesante recorrido, he podido visitar municipios grandes, medianos y pequeños, algunos de poco más de ocho habitantes... Aljucén, Montijo, Malcocinado, El Tiemblo, Noreña, San Martín de Valdeiglesias, San Facundo, Bembibre, Rollán, Pelayos de la Presa, Almoguera, Tuéjar, Martos, Monteagudo de las Vicarías, Baena, Priego de Córdoba, Calpe, Serrada, Val de San Lorenzo, Manzanares, La Calzada de Oropesa, Candelario, Candeleda, San Pedro de Latarce, Buendía y un sinfín de lugares mágicos llenos de tesoros por descubrir.

La entrega, la gentileza y el afán por dar a conocer sus secretos gastronómicos que han cultivado con mimo de generación en generación no han dejado de maravillarme. Me han enseñado lo orgullosos que están de sus productos autóctonos y me han abierto la puerta del lugar más preciado de su casa: la cocina. Los restaurantes, entregados al máximo, han parado las máquinas por unos instantes para desvelarme su buen hacer. No puedo estarles más agradecido por ello.

En esta ruta, el mapa se ha llenado de refranes gastronómicos que ya forman parte de mi haber. Difícil olvidar ese marcado acento gallego que me acompañó, «*As sardiñas en Maio pingan no borrallo e polo San Xoan pingan no pan*» («Las sardinas en mayo gotean en la ceniza, y por San Juan gotean en el pan»). En Asturias me indicaron con acierto que «*Nun ta la carne'n pletu, por falta guetu*» («No está la carne en el plato por falta de gato»), y en Cantabria, que «Al que bien come y mejor bebe, la muerte no se le atreve». De Castilla y León aprendí un dicho que afirma que «Por San Marcos, tu garbanzal, ni nacido ni por sembrar». De Castilla-La Mancha me traje ese «Todos los duelos con pan son menos», y de Madrid, aquello de «No te comes ni una rosca». En Andalucía me recomendaron que «Aceituna, una, y si es buena, una docena». En

Extremadura me susurraron al oído: «El queso de abril para mí y el de mayo para mi amo», y en Murcia me recordaron que «La sartén le *ice ar* cazo: "*Asepárate* que me mancho"». «*Magraner a vora camí, agre serà*» («Granado al lado del camino, agrio será») vino conmigo de la Comunidad Valenciana, y en Cataluña escuché que «*El pa no té cames, però fa caminar*» («El pan no tiene piernas pero hace andar»). En Navarra, La Rioja y el País Vasco me sedujeron dichos como «*Ahoa zabal, logale edo gose*» («Boca abierta, sueño o hambre») o el célebre «Al pan, pan y al vino, vino». Nuestras islas aportaron sabiduría al acercarme a las Baleares con su: «*Quan vegis la gavina per l'horta, entra la llenya, fes foc i tanca la porta*» («Cuando veas la gaviota por la huerta, entra la leña, haz fuego y cierra la puerta»), y en las Canarias descubrí que «En abril no hay papa chica ni higo ruin».

Con la maleta cargada de valiosos conocimientos que poner en práctica, quisiera reiterar mi agradecimiento absoluto a cuantos han compartido conmigo momentos inolvidables y han ayudado a enriquecer mi bagaje gastronómico, que ahora, con este libro que tienes en las manos, será también tuyo.

SERGIO FERNÁNDEZ

PRÓLOGO

En la actualidad cada vez aparecen más artículos en medios de comunicación, revistas y libros que dan una importancia considerable a la gastronomía, la creación de platos, el arte de elaborar nuestros productos y su presentación en la mesa.

El conocimiento cultural de una población, una región o un país viene a veces dado por una receta que se hace extensiva a todo el mundo, como lo han sido la pizza italiana, la paella valenciana, el caviar ruso, la hamburguesa alemana o el cordon bleu francés, entre otros.

Las distintas civilizaciones que han pasado por nuestro país han dejado una herencia de culturas, historia y gastronomía que constituye uno de los patrimonios más importantes de nuestra tierra. Aunque seamos humildes a la hora de decirlo, nos hallamos entre los primeros del mundo en dar a conocer la gastronomía nacional y en crear nuevas tendencias que se expanden por doquier, y poseemos un número ostensiblemente alto de restaurantes premiados en los diferentes eventos culturales y gastronómicos que se celebran en todos los puntos del globo.

España fue uno de los países protagonistas de la Era de los Descubrimientos, lo que derivó en la singular aportación de productos originarios de países lejanos que fueron cambiando la culinaria nacional. Es el caso, por ejemplo, del cacahuete, el maíz, el chocolate, la patata, el tomate o las tan apreciadas especias, por nombrar algunos de los ingredientes que se incorporaron a nuestra alimentación y a nuestra agricultura en general.

Sergio Fernández Luque destaca en este libro la valiosa diversidad de la gastronomía de nuestra nación. Llegando hasta rincones inimaginables, de donde ha sacado a la luz platos típicos con una historia centenaria que nos trasladan al pasado, pone de relieve la destreza e imaginación de nuestra gente para subsistir o para deleitarse con los productos de su entorno natural más cercano aportando imaginación e ingenio para el disfrute de sus sentidos.

Sin duda alguna, este compendio de recetas y cuidadas fotografías constituye una información tan valiosa como lo es el mantenimiento de las costumbres del pasado gastronómico español.

CARLOS MARTÍN COSME
Licenciado en Geografía e Historia por la Universidad Literaria de Valencia
Presidente de la Federación Española de Cofradías Gastronómicas (FECOES)
Presidente del Conseil Européen des Confréries Oenogastronomiques (CEUCO)

ANDALUCÍA

Un generoso sol ayuda a que el intenso color verde de sus aceitunas termine dando ese oro líquido imprescindible en sus frituras, salmorejos y gazpachos.

AJOBLANCO

MALAGUEÑO
CON SALMÓN AHUMADO

Ingredientes para 4 comensales:

3 dientes de ajo

100 g de almendras crudas sin piel

300 g de miga de pan remojada en agua fría

2 dl de aceite de oliva

0,75 l de agua muy fría

100 g de salmón ahumado (opcional)

Vinagre

Sal

Elaboración:

1. Trituramos muy bien las almendras con el agua fría, el ajo y el pan en un vaso o en un bol amplio.

2. Lo colamos con ayuda de un chino para evitar encontrarnos trocitos en la crema.

3. Sin dejar de batir, incorporamos muy poco a poco el aceite en un chorrito hasta conseguir una emulsión homogénea.

4. Agregamos vinagre y sal al gusto de cada uno.

Consejo:
*Incorpora unas uvas y unas tiras de salmón
ahumado para decorar.*

CAZÓN

EN ADOBO
(BIENMESABE CON MUCHO ARTE)

Ingredientes para 4 comensales:

½ kg de cazón

4 hojas de laurel

5 dientes de ajo

1 cucharada rasa de comino molido

1 cucharada rasa de pimentón dulce

1 cucharada rasa de orégano

1 vaso de vinagre

1 vaso de agua

Harina de trigo

Sal

Aceite de oliva

Elaboración:

1. Ponemos el cazón cortado en trocitos y limpio en un recipiente profundo.

2. Añadimos un buen puñado de sal y las cucharadas de pimentón dulce, comino y orégano.

3. Machacamos los dientes de ajo con la piel y los agregamos. Incorporamos también las hojas de laurel partidas.

4. Agregamos el vaso de agua y el de vinagre y dejamos reposar de un día para otro para potenciar así su sabor al máximo.

5. Secamos el cazón ligeramente, lo enharinamos y lo freímos en abundante aceite muy caliente.

6. Servimos inmediatamente para evitar que se reblandezca.

Consejo:

Si el comino está recién molido, ponemos solo un cuarto de cucharada rasa.
Prueba a hacerlo con otros pescados como la palometa o incluso el rape.

MOJETE
DE PATATA CON HUEVOS FRITOS

Ingredientes para 4 comensales:

½ kg de patatas

1 cebolla

3 dientes de ajo

2 tomates

½ l de aceite de oliva virgen extra Baena

4 rebanadas de pan

1 cucharada de pimentón dulce

1 ñora

1 pimiento verde

1 pimiento rojo

1 vaso de agua

4 huevos

Sal

Elaboración:

1. Pelamos las patatas, las cortamos en chips y las freímos en el aceite de oliva virgen extra. Una vez fritas, las escurrimos y reservamos.

2. A continuación pelamos la cebolla y los ajos, cortamos en juliana la cebolla, el pimiento verde y el rojo, así como los dientes de ajo, los tomates, la ñora y las rebanadas de pan y pochamos todo con un chorrito de aceite a fuego medio.

3. Añadimos el pimentón, el vaso de agua y dejamos que hierva unos 5 minutos. Probamos para rectificar el punto de sal y trituramos todo junto.

4. Introducimos las patatas que teníamos reservadas en el sofrito y dejamos cocer otros 10 minutos aproximadamente.

5. Por último, freímos los huevos en abundante aceite muy caliente y los servimos por encima.

Consejo:
Si quieres reducir un poco las calorías del plato, prueba a incorporar al final los huevos pochés.

PAPAS
ALIÑÁS

Ingredientes para 4 comensales:

1 kg de patatas

1 cebolleta

Sal

Aceite de oliva

Vinagre de Jerez

Perejil picado

Elaboración:

1. Lavamos las patatas, las pelamos con ayuda de un pelador y las dejamos que hiervan en agua con sal partiendo de agua fría.

2. Cortamos la cebolleta en juliana intentando que quede fina.

3. Cuando ya tenemos las patatas frías, las cortamos en trocitos.

4. Y finalmente las aliñamos con la cebolleta, el aceite de oliva, el vinagre de Jerez y el perejil picado. Ajustamos el punto de sal.

Consejo:

Esta elaboración está más rica si realizas la receta de un día para otro. El reposo hará que los sabores se amalgamen mejor.

PATATAS
CON CHOCO

Ingredientes para 4 comensales:

3 patatas grandes

1 kg de sepia en trozos

1 cebolla grande

3 dientes de ajo

1 tomate grande rallado

1 vaso pequeño de vino blanco

1 pimiento verde

Caldo de pescado o agua fría

Perejil fresco

Elaboración:

1. Pelamos, lavamos y cortamos en trozos pequeños la cebolla, los dientes de ajo, el pimiento y el perejil, y rehogamos todo a fuego medio hasta que quede bien pochado.

2. Incorporamos el tomate rallado y seguimos cocinando hasta que pierda toda el agua.

3. A continuación subimos el fuego y rehogamos la sepia unos 5 minutos o hasta que se dore ligeramente y añadimos el vaso pequeño de vino blanco.

4. Dejamos reducir hasta que se evapore todo el alcohol.

5. Agregamos caldo de pescado o agua fría de forma que cubra todo y dejamos cocer hasta que la sepia esté tierna. Salamos e incorporamos las patatas cacheladas.

6. Mantenemos al fuego hasta que las patatas estén en su punto y rectificamos el punto de sal.

Consejo:
Si añades un vino fino, el resultado será espectacular.

PESTIÑOS
CON MIEL TRUFADA

Ingredientes para 4 comensales:

½ kg harina floja

10 g de sal

100 g de manteca de cerdo

½ dl de vino blanco

½ dl de agua

Aceite para freír

Baño:

150 ml de agua

250 g de azúcar

125 g de miel trufada

Elaboración:

1. Tamizamos la harina y formamos un volcán. Añadimos la sal, la manteca ablandada y el vino blanco. Amasamos hasta que la harina se integre bien y obtengamos una mezcla dura.

2. Formamos un cilindro de 2,5 centímetros de diámetro y cortamos piezas de 25 gramos cada una. Cogemos las piezas de una en una, las aplastamos con la palma de la mano y las estiramos con el rodillo dándoles forma ovalada y lo más finas posible. Deben taparse luego con el paño para que no se sequen.

3. Mezclamos el agua, el azúcar y la miel y los hervimos hasta obtener un almíbar.

4. Plegamos la masa cogiendo los extremos de cada pieza y uniéndolos en diagonal de forma que los bordes se mantengan pegados pero queden holgados. Los freímos en abundante aceite caliente hasta que se doren por ambos lados. Los escurrimos y, una vez fríos, los sumergimos en el almíbar aún caliente y escurrimos de nuevo.

Consejo:

Una variable muy conocida de los pestiños son los bartolillos.

REVUELTO
DE COLLEJAS
CON HUEVOS DE CORRAL

Ingredientes para 4 comensales:

½ kg de collejas

4 huevos de corral

Aceite de oliva virgen extra
D. O. Priego de Córdoba

1 diente de ajo

100 g de gambas peladas

100 g de jamón ibérico

Elaboración:

1. Empezamos lavando las collejas. Las blanqueamos, hirviendo ligeramente durante unos 20 segundos en agua caliente, las escurrimos y reservamos.

2. Pelamos y partimos el ajo en láminas. Lo doramos en una sartén con un poco de aceite de oliva virgen extra. Una vez que el ajo esté dorado, añadimos las gambas. Salteamos un poco e incorporamos las collejas. Cocinamos todo junto durante aproximadamente 3 minutos.

3. Batimos los huevos en un bol y los agregamos a la sartén por encima de las gambas y las collejas. Removemos a fuego lento hasta conseguir un revuelto.

4. Cortamos el jamón ibérico en trozos y lo echamos por encima del revuelto.

Consejo:
Si incorporas un poco de leche en el revuelto, te resultará más cremoso.

SALMOREJO

CORDOBÉS

Ingredientes para 4 comensales:

1 kg de tomates

1 diente de ajo

100 ml de aceite de oliva virgen extra

200 g de pan

Sal

Vinagre

Elaboración:

1. Para comenzar lavamos bien los tomates y los cortamos en cuartos. Pelamos el ajo.

2. Trituramos bien los tomates con el ajo, la sal y el pan.

3. Una vez triturados, los pasamos por el chino para que queden muy finos y vamos añadiendo el aceite de oliva virgen extra muy poco a poco y sin dejar de batir para conseguir que emulsione.

4. Para terminar ponemos el punto de sal y añadimos un poco de vinagre al gusto.

5. Presentar con tacos de jamón, huevo duro y fresas.

Consejo:

Quita el germen central del ajo, de esta manera evitarás que repita y reducirás su picor.

TALLOS

CON JARABE DE MANZANILLA

Ingredientes para 4 comensales:

½ kg de harina

1 cucharada de bicarbonato

1 l de agua

2 g de sal

25 g de azúcar

250 ml de manzanilla

Anís estrellado

Aceite de oliva

Elaboración:

1. Para empezar mezclamos en un bol el bicarbonato con la harina.

2. En una cacerola grande calentamos el agua hasta que rompa a hervir. La retiramos del fuego y la vertemos de golpe en el bol de la harina con el bicarbonato. Añadimos también la sal.

3. Removemos bien la mezcla hasta conseguir una masa homogénea que se despegue de las paredes del bol.

4. Con ayuda de una espátula introducimos la masa en una manga pastelera de boquilla rizada (en caso de no disponer de manga pastelera podemos utilizar una bolsa de plástico y cortar un poquito un extremo).

5. Ponemos el aceite al fuego y, una vez que esté caliente, vamos echando poco a poco la masa de la manga pastelera en el aceite. Cuando estén fritas, las sacamos del aceite y las escurrimos sobre papel de cocina para que absorba el exceso de grasa.

6. En otra cacerola damos un hervor a la manzanilla junto con el azúcar y el anís. Lo dejamos enfriar y rociamos las espirales con este jugo.

Consejo:

Si la masa no se te despega de las paredes del bol, vuelve a ponerla a fuego medio y sigue removiendo hasta conseguirlo.

TORTILLITAS
DE CAMARONES

Ingredientes para 4 comensales:

150 g de camarones

100 g de harina de trigo

100 g de harina de garbanzos

1 cebolleta mediana

2 cucharadas de perejil picado

300 ml de agua (orientativo)

Sal

Aceite de oliva

Elaboración:

1. Ponemos en un bol los camarones, la harina de trigo y la de garbanzos, la cebolleta picada, el perejil y la sal.

2. Mezclamos suavemente y, sin dejar de remover, añadimos el agua. Nos tiene que quedar una textura de puré poco espeso.

3. Dejamos reposar en la nevera durante media hora. Si pasado este tiempo vemos que ha quedado muy espeso, añadimos un poco más de agua.

4. Freímos en abundante aceite muy caliente dándoles forma de oblea o tortillita hasta que queden doradas y crujientes.

5. Dejamos escurrir un poco sobre un papel absorbente y servimos rápidamente.

Consejo:
Si no encuentras harina de garbanzos, hazlo todo con harina común de trigo.

POLLO
MORUNO

Ingredientes para 4 comensales:

1 pollo en trozos

2 dientes de ajo

1 cebolla

Perejil picado

10 ciruelas

25 g de pasas hidratadas

2 cucharaditas de especias morunas

1 rama de canela

40 g de aceitunas negras enteras

40 g de aceitunas negras picadas

80 g de almendras crudas peladas

Aceite de oliva virgen extra

Sal y pimienta

Agua

Elaboración:

1. Para empezar salpimentamos el pollo y espolvoreamos por encima las especias morunas, removiendo bien hasta que se queden adheridas. Dejamos que marine al menos 2 horas para que el pollo absorba todos sus aromas y sabores.

2. Doramos el pollo en aceite muy caliente hasta que adquiera un bonito tono tostado y reservamos.

3. Pochamos la cebolla y el ajos pelados y partidos en trocitos pequeños en el mismo aceite en el que hemos hecho el pollo. Añadimos la rama de canela y el pollo que teníamos reservado.

4. Incorporamos las aceitunas negras, tanto las enteras como las picadas, las pasas y las ciruelas.

5. Cubrimos el guiso con agua y dejamos cocer durante aproximadamente media hora.

6. En una sartén freímos las almendras hasta que estén ligeramente doradas y las incorporamos al guiso por encima.

7. Retiramos la rama de canela y trituramos la salsa para que quede bien emulsionada. Ponemos perejil para decorar.

Consejo:
Incorpora más agua si ves que la salsa te queda muy espesa.
También puedes utilizar caldo de pollo en lugar de agua, quedará más sabroso.

RAPE

A LA RUSADIR

**Ingredientes para
4 comensales:**

1 kg de rape

½ kg de tomates

½ l de caldo de pescado

250 g de pimientos rojos

1 ñora

3 dientes de ajo

Comino

Azafrán

100 g de guisantes enlatados

Aceite de oliva virgen extra

Perejil

Pimienta

Sal

Elaboración:

1. Doramos la ñora en un poco de aceite de oliva virgen extra y reservamos.

2. Pelamos y picamos dos dientes de ajo en juliana, los pimientos rojos en trozos pequeños y los tomates en trozos medianos y lo doramos todo en el mismo aceite de la ñora.

3. Ponemos en un recipiente profundo la ñora reservada con el diente de ajo crudo que no hemos utilizado, le añadimos una pizca de comino, otra pizca de azafrán, sal, pimienta y el caldo de pescado y trituramos todo bien.

4. En otro recipiente trituramos también las verduras pochadas.

5. Cortamos el rape en dados pequeños, lo salpimentamos y lo doramos hasta obtener un bonito tono tostado.

6. Añadimos al rape los dos triturados y cocinamos durante 5 minutos a fuego medio para que quede un guiso homogéneo.

7. Incorporamos los guisantes y mantenemos al fuego 3 minutos más.

8. Como toque final, añadimos el perejil para decorar.

Consejo:
Puedes realizar la misma receta con cualquier pescado de carne tersa.

ARAGÓN

Con la verde espiga, los racimos de oro y el inmarchitable olivo se consiguen los sabores únicos de sus sabrosos chilindrones, su ternasco o su deliciosa fruta escarchada.

PATATAS

HUECAS

Ingredientes para 4 comensales:

1,5 kg de patatas

3 huevos

80 g de harina

1 dl de aceite

Sal

Elaboración:

1. Lavamos, pelamos y cortamos las patatas.

2. Las ponemos a cocer desde agua hirviendo con sal hasta que veamos que están tiernas. Las sacamos y las dejamos escurrir.

3. Pasamos las patatas por un pasapurés e incorporamos dos huevos batidos, la harina y una pizca de sal.

4. Lo mezclamos todo bien y lo amasamos hasta que consigamos una masa homogénea.

5. Dividimos la masa en porciones como si fueran croquetas y las vamos pasando por huevo batido.

6. Las freímos en abundante aceite caliente hasta que estén doradas por todos lados, las sacamos y las ponemos sobre un papel de cocina para que absorban el exceso de grasa.

Consejo:

Si cueces las patatas con piel evitarás que se deshagan con tanta facilidad.

POLLO
AL CHILINDRÓN

**Ingredientes para
4 comensales:**

1 pollo pequeño troceado

1 pimiento rojo grande

1 pimiento verde grande

1 cebolla grande

2 dientes de ajo

1 lata de 800 g de tomate
triturado

350 g de jamón serrano
troceado

Aceite de oliva virgen extra

Tomillo

1 vaso de vino blanco o tinto

Sal y pimienta

Azúcar (opcional)

Elaboración:

1. Troceamos y salpimentamos el pollo.
Lo doramos en una olla a fuego fuerte con un
poco de aceite, lo apartamos del fuego
y reservamos.

2. Pelamos la cebolla y los ajos. En la misma olla
y con el mismo aceite rehogamos el pimiento
verde y el rojo, la cebolla cortada en trozos
medianos y los ajos.

3. Añadimos el jamón serrano troceado
y cocinamos unos 10 minutos más.

4. Incorporamos el pollo que habíamos
reservado junto con el vaso de vino, movemos
y cocinamos durante 5 minutos a fuego fuerte
para que reduzca.

5. Añadimos el tomate triturado y el tomillo
y mantenemos a fuego lento otros 25 minutos más.
Rectificamos de sal y, opcionalmente, ponemos
una pizca de azúcar para rebajar la acidez.

Consejo:
Realiza esta misma receta con albóndigas en lugar de pollo.
¡No quedará nada en el plato!

TERNASCO
ASADO

Ingredientes para 4 comensales:

2 paletillas de ternasco
de 1 kg cada una

1 cebolla

½ kg de patatas

600 ml de vino blanco

4 dientes de ajo

1 ramita grande de romero

Sal

Aceite de oliva virgen extra

Elaboración:

1. Para empezar pelamos las patatas y las cortamos en panadera, en rodajas de unos 5 milímetros de grosor.

2. Pelamos la cebolla y la cortamos en juliana.

3. Cubrimos la base de una bandeja de horno con las patatas, la cebolla y los dientes de ajo enteros pelados.

4. Ajustamos el punto de sal y añadimos 125 mililitros de aceite de oliva por encima.

5. Salamos las paletillas y las untamos con aceite. Las colocamos encima del lecho de patatas, ajos y cebolla junto con el romero y las horneamos a 175 °C durante 50 minutos.

6. Cuando falte media hora para que esté hecho el ternasco incorporamos el vino.

7. Lo servimos caliente.

Consejo:
Si se reduce demasiado el vino, incorpórale un poco de agua para que quede algo de salsa.

CANTABRIA

Los sones cántabros traspasan las montañas más altas y el inmenso mar y nos regalan un excelente cocido montañés, sobaos y quesadas.

ALMEJAS

A LA MARINERA

Ingredientes para 4 comensales:

1 kg de almejas

1 cebolla

2 dientes de ajo

¼ l de agua

1 tomate pequeño

1 vaso pequeño de vino blanco

½ guindilla

Aceite de oliva virgen extra

1 cucharada rasa de harina

Sal

Colorante o azafrán (opcional)

Elaboración:

1. 2 horas antes de comenzar a preparar la receta sumergimos las almejas en abundante agua fría con algo de sal para conseguir eliminar los posibles restos de tierra que tengan dentro.

2. Lavamos las almejas y las ponemos a cocer en el cuarto de litro de agua junto con el vaso pequeño de vino blanco y, en cuanto veamos que se abren, las sacamos y reservamos el agua.

3. En una sartén con un poco de aceite sofreímos la cebolla y los ajos pelados y cortados en trocitos pequeños durante 5 minutos aproximadamente. Añadimos el tomate y cocinamos 5 minutos más.

4. Incorporamos la guindilla y continuamos hasta que esté todo pochado.

5. Agregamos la cucharada rasa de harina sin apartar del fuego para que esta se cocine bien y añadimos el agua que teníamos reservada de la cocción de las almejas.

6. Cocemos a fuego medio 10 minutos y rectificamos el punto de sal.

7. Incorporamos las almejas y mantenemos al fuego 1 minuto más.

8. Se le puede añadir colorante o azafrán.

Consejo:

Prueba a añadirle vino dulce en lugar de blanco, verás qué toque más bueno le da.

COCIDO
MONTAÑÉS

Ingredientes para 4 comensales:

200 g de alubias blancas en remojo 12 horas

150 g de tocino fresco

1 oreja de cerdo

100 g de chorizo fresco

1 morcilla

1 hueso de codillo

1 manita de cerdo

200 g de costilla de cerdo

1 nabo

1 berza

2 patatas

1 cucharada de pimentón

Sal

Elaboración:

1. Ponemos a remojo las alubias al menos 12 horas antes de comenzar con la receta.

2. Introducimos en una cacerola el tocino, la oreja de cerdo, el chorizo, la morcilla, el hueso de codillo, la manita y la costilla de cerdo y agregamos agua fría, el pimentón y las alubias. Dejamos que hierva a fuego lento durante 3 horas aproximadamente.

3. A medida que las carnes estén hechas, las vamos sacando y reservando.

4. Cuando las alubias estén casi a punto añadimos el nabo y las patatas partidas en trozos medianos y continuamos cociendo unos 10 minutos más.

5. En otra olla ponemos a cocer la berza cortada en juliana hasta que esté blandita.

6. Cuando la berza esté lista la añadimos al guiso y mantenemos al fuego otros 5 minutos para que todos los sabores se integren bien.

7. Rectificamos el punto de sal.

Consejo:
Podemos trocear la carne y servirla en una fuente y presentar el cocido en una sopera.

QUESADA
PASIEGA

Ingredientes para 4 comensales:

150 g de harina de trigo

150 g de almidón de maíz

100 g de mantequilla

6 huevos

800 g de queso (tipo quark)

400 g de azúcar

10 g de impulsor (levadura química)

330 ml de leche

330 ml de nata

Ralladura de 1 limón

160 ml de licor de café

Elaboración:

1. Fundimos la mantequilla.

2. En un bol mezclamos bien el queso, el azúcar y la ralladura de limón hasta conseguir que quede homogéneo.

3. Añadimos los huevos, la mantequilla fundida y, por último, la nata, la leche y el licor.

4. Incorporamos tamizando la harina, el almidón de maíz y la levadura.

5. Lo movemos todo con unas varillas hasta que quede bien mezclado.

6. Horneamos a 170 °C durante 35 minutos aproximadamente.

Consejo:

Ten la precaución de encamisar antes el molde en que hornees la quesada. Encamisar: forrar el molde con una fina capa de grasa por todo su interior y después una fina capa de harina, así evitaras que se te pegue durante la cocción.

SOBAOS
PASIEGOS

Ingredientes para 4 comensales:

250 g de mantequilla

250 g de azúcar

250 g de harina

4 huevos

1 cucharada rasa de levadura en polvo

Elaboración:

1. Ponemos en un recipiente profundo la mantequilla a temperatura ambiente e incorporamos los huevos de uno en uno y mezclamos bien. Añadimos el azúcar y removemos de nuevo.

2. Muy poco a poco y tamizando, es decir, pasando por un colador, incorporamos la levadura y la harina y mezclamos sin parar con movimientos envolventes y suaves de arriba abajo.

3. Precalentamos el horno a 175 °C. Rellenamos las cápsulas o moldes que vayamos a utilizar hasta ¾ partes de su capacidad y horneamos durante 15 minutos o hasta que veamos que han subido y tienen un color dorado.

Consejo:
Si te sobran, puedes hacer un delicioso pudin de sobaos y perlitas de chocolate blanco.

CASTILLA Y LEÓN

Castilla incomparable, riqueza gastronómica de norte a sur, del hornazo al botillo, de las yemas de Ávila a las cañas zamoranas, o del jamón de Guijuelo a los quesos vallisoletanos.

ARROZ
AGUINALDO VALLISOLETANO

Ingredientes para 4 comensales:

200 g de arroz

200 g de costilla de cerdo

80 g de chorizo

80 g de panceta

80 g de patata

1 cebolla

1 diente de ajo

1 pimiento verde

1 pimiento rojo

Caldo de ave, verduras o ternera

1 cucharada de pimentón

Aceite de oliva virgen extra

Elaboración:

1. Partimos las costillas de cerdo, el chorizo y la panceta en trozos que se puedan comer de un bocado. Doramos toda la carne en un poco de aceite y reservamos.

2. Pelamos la cebolla y el ajo. Cortamos la cebolla, el ajo, el pimiento verde y el rojo en trozos pequeños y los pochamos en el aceite de la carne.

3. Añadimos el pimentón, la patata, pelada y cortada en cuadrados, a la carne y las verduras. Movemos todos los ingredientes bien.

4. Incorporamos el arroz y cubrimos con el doble de caldo (puede ser de ave, verduras o ternera) que de arroz.

5. Removemos con una cuchara de madera y dejamos que hierva durante unos 18 minutos o hasta que el arroz esté tierno pero firme. Si es necesario, añadimos un poco más de caldo.

Consejo:
Adorna el plato con gajos de naranja, aceitunas y huevo cocido, quedará un plato muy completo.

BOLLO
MAIMÓN AVAINILLADO

Ingredientes para 4 comensales:

3 huevos

110 g de azúcar

10 g de azúcar avainillado

130 g de harina

Azúcar glas (para decorar)

Aceite o mantequilla

Elaboración:

1. Cascamos los huevos, separamos las yemas de las claras y montamos las claras a punto de nieve. Es importante que no haya nada de las yemas, de lo contrario no se montarían.

2. Una vez montadas las claras, añadimos las yemas y batimos todo junto a velocidad media.

3. Incorporamos poco a poco el azúcar normal y el avainillado y batimos a velocidad media.

4. Agregamos poco a poco la harina tamizada.

5. Engrasamos con aceite o mantequilla, al gusto, y enharinamos un molde, incorporamos la masa y horneamos a 170 °C durante 25 minutos.

6. Dejamos que se enfríe y decoramos con azúcar glas por encima.

Consejo:
Puedes añadir ralladura de lima y unas cuantas perlas de chocolate para darle un toque diferente.

CARACOLES
CON HUEVO DE CORRAL

Ingredientes para 4 comensales:

1 kg de caracoles

½ pimiento rojo

½ pimiento verde

1 cebolla

2 dientes de ajo

1 cayena

1 cucharada de pimentón

250 ml de salsa de tomate

50 g de chorizo

50 g de jamón

50 g de panceta

4 huevos

Aceite de oliva

Harina

Sal

Elaboración:

1. Comenzamos limpiando y purgando los caracoles. Para ello los dejamos al menos 24 horas en un recipiente con abundante harina. Posteriormente, los lavamos varias veces con agua y les damos un hervor unos minutos en agua con sal. Escurrimos.

2. A continuación cocemos los caracoles durante aproximadamente 25 minutos y los refrescamos.

3. Pelamos la cebolla y los ajos. Picamos el pimiento verde y el rojo, la cebolla y los ajos y pochamos todo en una cacerola con un poco de aceite.

4. Añadimos el chorizo, el jamón y la panceta y dejamos pochar 10 minutos más.

5. Incorporamos el pimentón, la salsa de tomate y la cayena y removemos para integrar todos los ingredientes.

6. Dejamos cocer aproximadamente 10 minutos, añadimos los caracoles y le damos un hervor.

7. Incorporamos los huevos por encima y dejamos al fuego hasta que cuajen.

Consejo:
Puedes incorporar sin ningún problema calabacín o berenjena.

GUISO
DE BORRAJAS Y PATATAS
CON ALMENDRAS FRITAS

**Ingredientes para
4 comensales:**

250 g de borraja

800 g de patatas

4 dientes de ajo

1 cucharadita de pimentón
dulce

20 g de almendras fritas

Aceite de oliva virgen extra

Sal

Elaboración:

1. Limpiamos con un paño la borraja para quitarle los pelitos. Una vez limpia, la pelamos y la troceamos.

2. A continuación pelamos y troceamos las patatas y las cocemos junto con la borraja en abundante agua con sal durante unos 18 minutos.

3. Mientras, pelamos los ajos y los partimos en láminas finas. Los sofreímos en una sartén y enseguida añadimos las almendras y el pimentón.

4. Una vez que la borraja y las patatas están hechas, las escurrimos y añadimos a la sartén junto al resto del sofrito.

5. Removemos todo bien unos minutos y servimos.

Consejo:
*Queda delicioso si añadimos unas pasas, previamente hidratadas,
justo al final de la elaboración.*

HORNAZO
SALMANTINO CON TOQUE DE MIEL DE ROMERO

Ingredientes para 4 comensales:

100 g de chorizo

150 g de cinta de lomo fresca

75 g de jamón serrano

100 ml de agua

100 ml de vino blanco

9 g de sal

50 ml de aceite de girasol

90 g de manteca

6 g de levadura fresca

500-600 g de harina

1 yema de huevo

1 cucharada de miel de romero

Elaboración:

1. Ponemos en un bol grande el agua, el vino blanco, la sal, el aceite de girasol, la manteca y la levadura fresca. Mezclamos todo bien hasta conseguir una masa homogénea.

2. Incorporamos poco a poco la harina tamizada y amasamos a mano hasta que veamos que no se nos pega la masa. Dejamos que repose tapado al menos durante 20 minutos.

3. Pasado el tiempo de reposo dividimos la masa en dos y estiramos ambas partes con un rodillo ligeramente enharinado hasta conseguir que cada parte tenga un grosor aproximado de medio centímetro.

4. Colocamos una de las partes sobre una bandeja de horno y añadimos encima los embutidos. Primero el chorizo, después la cinta de lomo fresca y, por último, el jamón serrano.

5. Tapamos con la otra parte de masa y cerramos los bordes presionando ligeramente con los dedos.

6. Dejamos que fermente durante 3 horas.

7. Pintamos la parte superior con la yema y horneamos unos 20 minutos a 200 °C o hasta que adquiera un tono dorado. Y le damos un toque final añadiendo la miel de romero por encima.

Consejo:
Precalienta el horno con antelación para que la cocción sea perfecta.

LIMÓN
SERRANO AL ESTILO SALMANTINO

Ingredientes para 4 comensales:

1 limón

2 naranjas

100 g de chorizo cular

2 dientes de ajo

Aceite de oliva virgen extra

50 ml de vino tinto

100 g de jamón serrano

Perejil

Sal

Elaboración:

1. Pelamos el limón y las naranjas. Los cortamos en rodajas finas y los disponemos sobre la base de una ensaladera.

2. Por otro lado, pelamos y partimos en láminas finas los ajos y los freímos en una sartén con 4 cucharadas de aceite de oliva. Añadimos el chorizo cular en trozos y lo sofreímos todo junto.

3. Retiramos del fuego y lo disponemos en la ensaladera por encima de los cítricos.

4. Incorporamos también el jamón serrano en trocitos y el perejil picado.

5. En un recipiente alto y estrecho ponemos 4 cucharadas de aceite de oliva virgen extra y el vino tinto. Mezclamos bien hasta que quede emulsionado. Vertemos la salsa por encima de todos los ingredientes de la ensaladera.

Consejo:
Termina con unos huevos cocidos o fritos. Personalmente prefiero los fritos.

PATATAS
REVOLCONAS

**Ingredientes para
4 comensales:**

400 g de patatas

Agua

2 hojas de laurel

2 dientes de ajo

Sal

2 dl de aceite de oliva

2 lonchas de panceta

1 cucharada de pimentón
dulce

1 cucharada de pimentón
picante

Elaboración:

1. Pelamos y lavamos las patatas. Las cachelamos
y las ponemos a cocer en una olla con agua hasta
cubrirlas.

2. Añadimos las hojas de laurel, uno de los
dientes de ajo entero y sin pelar, sal y un chorrito
de aceite. Retiramos la olla del fuego cuando las
patatas estén tiernas.

3. Troceamos la panceta y la freímos en el aceite
a fuego suave. Cuando esté hecha, subimos a
fuego fuerte para que se quede crujiente.
La retiramos y reservamos.

4. En la misma sartén y con parte del aceite de
freír la panceta, freímos a fuego suave el otro
diente de ajo. Añadimos el pimentón dulce
y el picante y cocinamos solo un poco con cuidado
de que no se queme porque amarga.

5. Incorporamos las patatas escurridas con sal
y las machacamos groseramente agregando
agua de la cocción. Añadimos la panceta frita
y servimos.

Consejo:
Juega con el agua de la cocción para hacer las patatas más o menos espesas.

POTAJE
SANABRÉS

Ingredientes para 4 comensales:

500 g de judías blancas

2 orejas de cerdo

200 g de chorizo

1 hueso de jamón

3 hojas de laurel

Sal

1 cucharada de harina

1 cucharadita de pimentón dulce

1 cebolla

Aceite de oliva virgen extra

Elaboración:

1. Ponemos en remojo las judías 12 horas antes de comenzar con la receta para conseguir que la cocción sea más rápida y evitar que pierdan la piel durante la elaboración.

2. En una olla con al menos litro y medio de agua ponemos a cocer a fuego lento las judías, el chorizo, el hueso de jamón y las hojas de laurel. Vamos desespumando de vez en cuando.

3. Ponemos a cocer en otra olla y desde agua hirviendo las orejas. Una vez hechas, las troceamos y las añadimos al guiso. Si faltara agua, podemos aprovechar el agua de la cocción de las orejas.

4. En una sartén con un poco de aceite hacemos un sofrito con la cebolla pelada y partida en trocitos, la harina y el pimentón.

5. Añadimos el sofrito al guiso y cocinamos unos 5 minutos más. Ajustamos el punto de sal.

Consejo:
Si dejamos reposar el guiso de un día para otro, el resultado será mucho mejor.

SOPA
DE TRUCHA SALVAJE

Ingredientes para 4 comensales:

1 trucha

2 pimientos del Bierzo

1 guindilla

1 cebolla

Laurel

1 cucharadita de pimentón dulce

1 cucharadita de pimentón picante

Pan

Ajo

Aceite

Sal

Pimienta

Elaboración:

1. Empezamos limpiando la trucha, la troceamos, salpimentamos y la freímos en aceite.

2. Cuando se haya templado un poco, la desmigamos y reservamos.

3. En una cacerola ponemos a hervir la guindilla, el ajo entero, el laurel, los dos pimientos del Bierzo, la cebolla pelada y las cucharaditas de los dos pimentones, el dulce y el picante. Cubrimos de agua y ponemos a fuego lento durante aproximadamente 20 minutos. Colamos y añadimos la trucha y el pan al caldo.

4. Una vez que comience a hervir de nuevo, lo dejamos al fuego durante 5 minutos y rectificamos el punto de sal.

Consejo:

Hierve la trucha y aprovecha el caldo para la sopa e incorpora un poco de unto para darle un sabor más intenso.

TORREZNOS
DE SORIA SUFLADOS

Ingredientes para 4 comensales:

Panceta adobada y oreada cortada en trozos de 2 dedos de grosor

Aceite de oliva virgen extra

Elaboración:

1. Para empezar sacamos la panceta de la nevera 24 horas antes de cocinarla. La dejamos en un lugar fresco y seco.

2. Colocamos la panceta con la piel hacia abajo en una cacerola. Cubrimos con aceite y la confitamos a fuego lento (unos 140 °C) durante aproximadamente 25 minutos.

3. Ponemos los torreznos de lado y subimos el fuego al máximo.

4. Cocinamos los torreznos unos 5 minutos por cada lado o hasta que veamos que están crujientes y suflados.

Consejo:
Para que la piel te quede muy crujiente es importante secarla muy bien antes del confitado.

YEMAS
DE ÁVILA

Ingredientes para 4 comensales:

12 yemas de huevo

180 g de azúcar

1 ramita de canela

1 corteza de limón

100 g de azúcar glas

10 cucharadas de agua

Elaboración:

1. Ponemos a cocer a fuego lento el agua, el azúcar, la corteza de limón y la canela para hacer un almíbar. Removemos hasta que espese.

2. Incorporamos las yemas al almíbar y los pasamos por el chino a un cazo.

3. Volvemos a poner a fuego lento el cazo sin parar de remover hasta que espese de nuevo pero sin que llegue a hervir.

4. Vertemos la mezcla en una bandeja un poco profunda hasta que se enfríe.

5. Cuando la mezcla se haya enfriado hacemos bolitas y las pasamos por un poco de azúcar glas.

Consejo:
Incorpora un poco de almidón de maíz al azúcar glas para que la yema no absorba la cobertura.

CASTILLA-LA MANCHA

Trabajo de labradores, ganaderos y artesanos que sirven en nuestra mesa buenos vinos, formidables quesos e imprescindibles ajos protagonistas en mil y un guisos.

ATASCABURRAS

Ingredientes para 4 comensales:

1 kg de patatas

400 g de bacalao desalado

50 g de nueces

3 huevos cocidos

2 dientes de ajo

100 ml de aceite de oliva virgen extra

Sal

Elaboración:

1. Para empezar lavamos las patatas y las cocemos sin pelar en agua con sal.

2. Ponemos el bacalao en una olla lo más pequeña posible y añadimos agua hasta cubrir la mitad del pescado. Cocemos 3 minutos por cada lado, aunque esto es orientativo, depende del grosor de las piezas.

3. Desespumamos constantemente y reservamos.

4. En una sartén con un poco de aceite doramos los ajos sin piel y picados. Los sacamos y los majamos en un mortero hasta convertirlos en una pasta.

5. Añadimos el bacalao desmigado y seguimos majando hasta conseguir un puré. Pelamos las patatas que habíamos cocido al comienzo y las majamos para unirlas al puré.

6. Poco a poco agregamos el aceite de oliva virgen extra intentando emulsionarlo.

7. Decoramos por encima con las nueces partidas, el huevo duro y unas tiras de bacalao desalado para decorar.

Consejo:

Es aconsejable dejar que las patatas se enfríen en el agua de la cocción. De esta manera la emulsión quedará mejor.

AYU
DE PATATAS

Ingredientes para 4 comensales:

4 patatas

4 dientes de ajo

1 cebolla

1 pimiento verde

1 pimiento rojo

Laurel

1 cucharada de pimentón

Aceite de oliva virgen extra

Sal

Elaboración:

1. Empezamos pelando y partiendo en trozos medianos los ajos, la cebolla y los pimientos verde y rojo.

2. Colocamos todas las verduras en una cacerola y las rociamos por encima con el aceite frío. Acto seguido añadimos el laurel, el pimentón y la sal.

3. Una vez tengamos todas nuestras verduras dispuestas en la cacerola cortamos las patatas en panadera y las colocamos por encima de las verduras.

4. Cubrimos de agua hasta tapar las patatas y las ponemos al fuego.

5. Dejamos cocer unos 15 minutos y rectificamos el punto de sal.

Consejo:
Lo puedes servir caliente acompañado por unas piparras.

CALDERETA
DE CORDERO

Ingredientes para 4 comensales:

1 pierna de cordero troceada

1 pimiento rojo

1 pimiento verde

1 cebolla

1 vaso grande de vino tinto

Pimentón dulce

½ vaso de tomate triturado o 2 tomates rallados

2 patatas grandes

Caldo de carne o agua

Aceite de oliva virgen extra

Sal

Pimienta

Elaboración:

1. Salpimentamos el cordero y lo doramos en una olla con un poco de aceite hasta que tenga un bonito color tostado.

2. Retiramos la carne y la reservamos. En el mismo aceite cocinamos los pimientos y la cebolla pelada, cortados en cuadraditos.

3. Cuando las verduras estén pochadas añadimos una cucharada rasa de pimentón y enseguida añadimos el tomate. Continuamos rehogando a fuego fuerte hasta que el tomate pierda el agua e incorporamos el cordero que habíamos reservado.

4. Agregamos el vaso de vino tinto y dejamos que reduzca. Cubrimos con agua o con caldo de carne y continuamos cocinando.

5. Cuando el cordero esté tierno añadimos las patatas cacheladas, no cortadas, en porciones pequeñas y mantenemos al fuego hasta que estén hechas.

6. Rectificamos la sal y la pimienta.

Consejo:

Fríe aparte 4 pimientos del piquillo y 1 diente de ajo. En un vaso triturador coge un poco del caldo de la caldereta y tritura en él los pimientos y el ajo. Incorpóralo a la caldereta y verás qué resultado.

CONEJO

CON PATATAS CON ESENCIA DE PIMENTÓN Y ÑORA

Ingredientes para 4 comensales:

1 conejo

1 cebolla

½ kg de patatas

1 cucharada de harina

1 cucharadita de pimentón picante

1 ñora

Laurel

2 dientes de ajo

Perejil

Aceite de oliva virgen extra

Agua

Sal

Pimienta

Elaboración:

1. Pelamos y picamos la cebolla en cuadrados de tamaño medio y la pochamos en una cacerola con un poco de aceite.

2. Cuando tengamos la cebolla blandita y empiece a coger color incorporamos el conejo troceado, el laurel, salpimentamos y lo doramos.

3. Pelamos y partimos las patatas en trozos no muy grandes y las echamos en la cacerola junto con el pimentón, la ñora y la harina. Removemos todo bien para que la harina se cocine.

4. En una sartén con un poco de aceite doramos los ajos pelados y partidos en láminas. Una vez hecho, los ponemos en un mortero y los machacamos con el perejil. Incorporamos el majado al guiso.

5. Cubrimos con agua y lo dejamos cocer a fuego medio hasta que las patatas estén tiernas pero sin llegar a deshacerse.

Consejo:

Incorpora un vaso de vino dulce y deja reducir antes de cubrir con agua.

DUELOS
Y QUEBRANTOS

Ingredientes para 4 comensales:

8 huevos

2 chorizos

200 g de panceta

Sal

Elaboración:

1. Cortamos en trozos pequeños los chorizos y la panceta y los ponemos a fuego lento sin aceite para que se hagan poco a poco y pierdan la grasa.

2. Retiramos el máximo de grasa posible, dejamos solo 4 cucharadas.

3. Batimos los 8 huevos y los incorporamos a la sartén junto con la sal.

4. Removemos a fuego lento hasta conseguir que quede cremoso y cuajen los huevos. Rectificamos el punto de sal.

Consejo:
También puedes utilizar chistorra y tocino de cerdo en vez de chorizos y panceta.

GAZPACHO
MANCHEGO
(QUE NO ANDALUZ)

Ingredientes para 4 comensales:

1 pollo

1 conejo

1 cucharadita de nuez moscada

1 cucharadita de clavo molido

1 cucharadita de pimentón dulce

Una pizca de pimienta negra

1 diente de ajo

1 rama de romero

250 ml de salsa de tomate

250 g de torta cenceña

Sal

Elaboración:

1. Comenzamos preparando un caldo. Para ello cocemos a fuego lento durante aproximadamente una hora y media el pollo, el conejo, la rama de romero y el ajo entero y sin pelar. Una vez hecho el caldo, lo dejamos enfriar y desmenuzamos las carnes para aprovecharlas más tarde.

2. Mientras, por otro lado, trituramos el hígado del conejo en medio vaso de agua y añadimos la nuez moscada, el clavo molido y el pimentón dulce y lo mezclamos todo bien hasta que quede bien disuelto.

3. Cocinamos esta mezcla en una olla unos 3 minutos aproximadamente y le añadimos la pimienta, la salsa de tomate y las carnes desmenuzadas del pollo y del conejo.

4. Ajustamos el punto de sal, movemos bien y dejamos cocinar 3 minutos más.

5. Incorporamos el caldo hasta cubrir los ingredientes y mantenemos al fuego aproximadamente durante otra media hora.

6. Finalmente incorporamos la torta cenceña y cocinamos 10 minutos.

Consejo:

Mucha gente no conoce este gazpacho tan diferente al andaluz y se queda sorprendida la primera vez que lo prueba. Puedes añadir también liebre, perdiz, codorniz, etc.

HOJUELAS
CRUJIENTES

Ingredientes para 4 comensales:

1 huevo

250 g de harina

125 g de azúcar

75 ml de anís

1 cucharadita de canela en polvo

150 ml de aceite de girasol

Zumo de una naranja pequeña

Miel

Elaboración:

1. Para empezar batimos en un bol el huevo e incorporamos el azúcar y lo mezclamos bien.

2. Añadimos el anís, la canela en polvo y el aceite de girasol y seguimos batiendo.

3. Agregamos a la mezcla el zumo de una naranja pequeña y la harina, y amasamos hasta obtener una masa que tenga elasticidad y cierta humedad.

4. Sobre una superficie ligeramente enharinada estiramos la masa con ayuda de un rodillo hasta que quede muy fina.

5. Cortamos toda la masa en rectángulos y los freímos en abundante aceite de girasol muy caliente.

6. Una vez que tengamos las hojuelas doradas y crujientes, las sacamos del aceite y las disponemos sobre papel absorbente para quitar el exceso de grasa. Cuando hayan escurrido, las bañamos con un poco de miel con ayuda de un pincel.

Consejo:
Incorpora todos los líquidos tibios y trabaja la masa en templado, obtendrás un mejor resultado.

PISTO

MANCHEGO A LA MIEL

Ingredientes para 4 comensales:

2 cebollas

½ pimiento verde

½ pimiento rojo

2 dientes de ajo

1 calabacín

1 kg de tomates

Sal

Aceite

2 cucharadas de miel

Elaboración:

1. Pelamos las cebollas y los ajos y cortamos todas las verduras en trozos medianos.

2. En una sartén con un poco de aceite caliente cocinamos los pimientos, las cebollas y los ajos durante 15 minutos.

3. Incorporamos el calabacín y dejamos al fuego otros 5 minutos.

4. Por último, añadimos los tomates y la sal y cocinamos durante 25 minutos más.

5. Para terminar comprobamos el punto de sal y echamos 2 cucharadas de miel, que aportarán brillo y textura a nuestro pisto.

Consejo:
Si al final de la cocción notamos que continúa teniendo un punto ácido, rectificamos con un poco de azúcar hasta que desaparezca.

PUCHES
CREMOSAS AL ANÍS

Ingredientes para 4 comensales:

10 g de anís en grano

80 g de harina

1 l de leche

150 g de azúcar

100 ml de aceite de oliva

Picatostes

Elaboración:

1. Freímos el anís en grano en una sartén con un poco de aceite.

2. A continuación incorporamos la harina poco a poco y removemos a fuego medio durante aproximadamente 3 minutos, con cuidado para que no se pegue.

3. Añadimos la leche y el azúcar y removemos toda la mezcla con unas varillas hasta que espese y se forme una especie de masa (puede tardar alrededor de 15 minutos).

4. La retiramos del fuego cuando empiece a hervir.

5. Servimos templado incorporando los picatostes por encima.

Consejo:
Incorpora una ramita de canela y otra de romero, le darás un toque muy especial.

TIZNAO

Ingredientes para 4 comensales:

½ kg de bacalao desalado

4 cebollas pequeñas

2 patatas

2 tomates

1 cabeza de ajos

1 cucharada de pimentón dulce

½ kg de pimientos choriceros

1 cayena

Aceite de oliva virgen extra

2 vasos de agua

Elaboración:

1. Comenzamos preparando las verduras. Para ello cortamos la cabeza de ajos por la mitad, hacemos una cruz en la parte superior de los tomates, pelamos las patatas y las partimos en trozos medianos; luego pelamos y cortamos en cuartos las cebollas.

2. Repartimos todas las verduras en una bandeja de horno, rociamos con un poco de aceite de oliva y agregamos un vaso de agua. Removemos todo bien.

3. Horneamos a 180 °C durante 35 minutos aproximadamente.

4. Cuando queden 5 minutos para que se terminen de asar las verduras, incorporamos los pimientos choriceros.

5. Añadimos el pimentón dulce, la cayena, un vaso de agua y el bacalao desalado.

6. Seguimos cociendo durante 4 minutos más y dejamos reposar.

Consejo:
Déjalo reposar de un día para otro.
Conseguirás sabores más intensos y que esté jugoso.

CATALUÑA

Mar y montaña, una sabia combinación de aromas y olores que encontramos en la escalivada y la sanfaina, en fricandós cocinados con paciencia o en sus famosos panellets.

BUTIFARRA
CON *MONGETES*

Ingredientes para 4 comensales:

4 butifarras

150 g de alubias blancas (*mongetes*)

1 cebolla

1 zanahoria

1 puerro

1 diente de ajo

1 tomate

Aceite de oliva virgen extra

Agua

Perejil

Sal

Elaboración:

1. Ponemos las alubias a remojo al menos 12 horas antes de comenzar con la receta para que se hidraten y así tarden menos en cocerse.

2. Pelamos y limpiamos bien la cebolla, la zanahoria, el puerro y el tomate, pero sin partirlos.

3. Escurrimos las alubias y las ponemos a cocer con un toque de sal en una olla junto con las verduras limpias.

4. Una vez cocidas las alubias, las escurrimos y reservamos, separando por un lado las alubias, por otro las verduras y por un tercero el caldo.

5. En una sartén con un poco de aceite freímos a media potencia las butifarras por los dos lados. Las retiramos y en el mismo aceite sofreímos el ajo pelado y cortado en dados pequeños.

6. Incorporamos las alubias y las cocinamos a fuego medio hasta que veamos que adquieren un bonito color dorado.

7. Añadimos las butifarras cortadas en trozos y las verduras trituradas, aunque esto es opcional.

8. Para terminar decoramos con el perejil picado por encima del plato.

Consejo:
Pincha las butifarras antes de dorarlas para que no se abran y así vayan soltando la grasa.

CALÇOTS

ASADOS CON SALSA ROMESCO Y FRUTOS SECOS

Ingredientes para 4 comensales:

2 calçots

2 o 3 tomates maduros

1 cabeza de ajos

45 g de avellanas tostadas

45 g de almendras tostadas

4 ñoras

1 rebanada pequeña de pan tostado

250 g de aceite de oliva virgen extra

½ dl de vinagre o al gusto

½ cucharadita de pimentón dulce

1 guindilla

Elaboración:

1. Hidratamos las ñoras en agua caliente y les sacamos la carne.

2. Para hacer la salsa romesco precalentamos el horno a 200 °C y asamos los tomates y la cabeza de ajos entera. Los tomates estarán listos en unos 15 o 20 minutos. Los ajos tardarán un poco menos.

3. Una vez asados quitamos la piel y las pepitas a los tomates y sacamos uno a uno los dientes de ajo. Vamos introduciendo todo en un vaso de batidora. Pelamos las almendras y las avellanas y las ponemos junto con el pan tostado, la carne de las ñoras, el aceite de oliva virgen extra y el vinagre y batimos. Finalmente le añadimos ½ cucharadita de pimentón dulce y una punta de guindilla para darle un toque picante. Batimos de nuevo. Esta elaboración se suele hacer también en un mortero.

4. Lavamos y limpiamos los calçots, los colocamos sobre una bandeja de horno y los rociamos con un poco de aceite de oliva por encima.

5. Horneamos aproximadamente durante media hora a 190 °C. Desechamos las capas exteriores y nos quedamos solo con el interior del calçot.

6. Servimos calientes acompañados de la salsa romesco fría.

Consejo:

Prueba a utilizar tu fruto seco preferido en vez de almendras y avellanas, que son los más habituales para hacer la salsa romesco.

CREMA
CATALANA

Ingredientes para 4 comensales:

1 l de leche

8 yemas de huevo

180 g de azúcar

Piel de 1 limón

1 rama de canela

50 g de almidón de maíz

Elaboración:

1. En una olla ponemos a cocer a fuego lento casi toda la leche con la piel del limón y la canela.

2. En un bol batimos las yemas junto con el almidón de maíz, el azúcar y el resto de la leche que hemos reservado.

3. Poco a poco y sin dejar de batir con unas varillas vamos echando la mezcla de las yemas en la olla y mantenemos a fuego lento hasta que hierva una primera vez. Apartamos del fuego y continuamos removiendo con las varillas durante 2 minutos.

4. Repartimos la mezcla en cazuelas de barro y dejamos enfriar. A la hora de servir espolvoreamos azúcar por encima y lo quemamos con una pala o soplete.

Consejo:
Si en vez de con leche lo haces con horchata, tendrás una crema catalana de horchata espectacular.

ESCALIVADA

Ingredientes para 4 comensales:

2 berenjenas

1 pimiento rojo

2 cebollas

1 cabeza de ajos

3 tomates

Aceite de oliva virgen extra

Sal

Vinagre (opcional)

Elaboración:

1. Lavamos las berenjenas, el pimiento rojo y los tomates y los colocamos sobre una bandeja de horno. Los regamos con un chorro generoso de aceite de oliva virgen extra.

2. Asamos todas las verduras en el horno precalentado a 170 ºC durante 1 hora aproximadamente. De vez en cuando les damos la vuelta para que se asen de forma homogénea.

3. Sacamos las verduras cuando estén hechas; los tomates primero, pues tardan menos en hacerse.

4. Dejamos que las verduras se enfríen y les quitamos la piel y las pepitas al pimiento y a las berenjenas.

5. Cortamos en tiras los pimientos, las cebollas y las berenjenas.

6. Sacamos, presionando ligeramente, los dientes de ajo de la cabeza asada.

7. Colocamos todo junto en un recipiente y lo aliñamos con una pizca de sal y el aceite que hemos utilizado para el asado.

8. Puedes añadir también unas gotas de vinagre.

Consejo:

Es conveniente hacer unas incisiones en la piel de la berenjena y el tomate para que no revienten al asarlos. Además, así se pelarán más fácilmente.

SUQUET

Ingredientes para 4 comensales:

3 salmonetes de ¼ kg

10 mejillones

10 langostinos

½ kg de tomates maduros

1 ¼ kg de cebolla

1 ½ l de caldo de pescado

70 g de almendras tostadas

75 g de pan frito en rebanadas

Perejil

2 dientes de ajo

8 hebras de azafrán

½ kg de patatas

Aceite de oliva virgen extra

Sal

Elaboración:

1. Limpiamos los salmonetes, sacamos los lomos y reservamos. Pelamos los langostinos y reservamos las carnes, las cáscaras y las cabezas. Limpiamos los mejillones retirando las impurezas con ayuda de un cuchillo o un estropajo nuevo.

2. En una cazuela con un poco de aceite de oliva sofreímos durante 2-3 minutos las almendras, el perejil picado, los dos ajos y el pan o hasta que se doren y lo reservamos.

3. En la misma cazuela y con el mismo aceite pochamos la cebolla pelada y cortada fina y, cuando empiece a dorarse, añadimos los tomates pelados y cortados también finos.

4. Cocinamos unos 3-4 minutos y agregamos el caldo de pescado. Removemos bien y lo dejamos otros 5 minutos más.

5. Incorporamos las almendras, los ajos, el perejil, el azafrán y el pan que habíamos reservado, cocinamos 5 minutos y trituramos.

6. Añadimos las patatas peladas y cacheladas y cocemos hasta que estén casi tiernas. Incluimos los langostinos, los salmonetes y los mejillones y cocinamos 3 minutos.

7. Dejamos que repose y rectificamos de sal.

Consejo:
Puedes incorporar un poco de romesco en lugar del sofrito de almendras, ajo y pan.

COMUNIDAD DE MADRID

Somosierra me guarda del norte y Guadarrama con Gredos, y entre cumbre y cumbre podemos disfrutar de su carne, de las sabrosas fresas de Aranjuez o de la exquisita corona de su patrona, la Almudena.

BESUGO

A LA MADRILEÑA

Ingredientes para 4 comensales:

1 besugo

2 cebollas medianas

5 dientes de ajo

3 patatas

Perejil fresco picado

100 ml de aceite de oliva virgen extra

100 g de pan rallado

1 limón

250 ml de vino blanco

Sal

Pimienta blanca

Elaboración:

1. Pelamos y cortamos las patatas y pelamos y partimos las cebollas en rodajas no muy gruesas. Ponemos todo en una bandeja de horno junto con los ajos laminados y echamos parte del aceite de oliva por encima.

2. Salpimentamos el besugo y lo colocamos sobre las patatas, los ajos y las cebollas.

3. Mezclamos el pan rallado con el zumo del limón, el vino blanco, el resto del aceite de oliva y el perejil fresco picado hasta obtener una pasta espesa.

4. Cubrimos el besugo con la pasta anterior.

5. Horneamos con el horno precalentado a 180 °C durante al menos media hora o hasta que veamos que el pescado está jugoso y ligeramente dorado.

Consejo:

Hay que calcular 25 minutos de cocción por cada kilo de pescado. Esa será la medida perfecta.

BUÑUELOS
DE VIENTO

Ingredientes para 4 comensales:

250 ml de leche

1 limón

30 g de mantequilla

4 huevos

150 g de harina

Elaboración:

1. En una olla ponemos la leche con la mantequilla y la piel del limón y lo llevamos todo a ebullición.

2. Cuando hierva retiramos la piel de limón y agregamos de golpe la harina. Retiramos del fuego y removemos durante 30 segundos.

3. Volvemos a colocar la olla al fuego y removemos 1 minuto más, hasta que la masa ya no se pegue a las paredes.

4. Pasamos la masa a un bol y añadimos los huevos de uno en uno sin dejar de batir. No echaremos el siguiente huevo hasta que el anterior esté bien integrado en la masa.

5. Con ayuda de una manga pastelera o dos cucharas freímos pequeñas porciones en abundante aceite muy caliente. Sacamos los buñuelos del fuego y los dejamos sobre un papel de cocina para que absorba el exceso de grasa.

Consejo:
Puedes rellenar los buñuelos de lo que más te guste: crema, nata, chocolate, etc.

CALLOS

A LA MADRILEÑA
CON SU TOQUE PICANTE

Ingredientes para 4 comensales:

1 kg de callos limpios

2 manitas de cerdo

1 cebolla claveteada con clavos de olor para aromatizar

1 guindilla

2 cucharadas de pimentón

2 hojas de laurel

1 cabeza de ajos

1 cebolla en brunoise

25 g de harina

1 dl de vinagre

20 g de sal

2 dl aceite de oliva

Agua

Elaboración:

1. Blanqueamos los callos y las manitas de cerdo. Para ello, los ponemos en una olla con agua fría y una vez que empiece a hervir los dejamos que cuezan durante 5 minutos.

2. Escurrimos, introducimos la cebolla claveteada, la guindilla, la cabeza de ajos y las hojas de laurel, cubrimos con agua fría limpia, añadimos un chorrito de vinagre y cocemos con la olla tapada a fuego lento durante aproximadamente 4 horas.

3. Mientras, pelamos la otra cebolla y la cortamos en brunoise, es decir, en trocitos pequeños, en una sartén con un poco de aceite. Cuando esté pochada añadimos el pimentón y 1 cucharada de harina. Cocinamos y retiramos del fuego.

4. Cuando los callos y las manitas estén en su punto retiramos la cebolla claveteada, el laurel y la guindilla, sacamos las manitas para deshuesarlas y cortarlas en trozos similares al tamaño de los callos y las devolvemos a la cazuela. Agregamos el sofrito de la cebolla con el pimentón y la harina y dejamos cocer unos 5 minutos. Rectificamos el punto de sal y de espesor añadiendo algo de agua si fuera necesario.

Consejo:
Es una elaboración que, sin duda, gana preparándose uno o dos días antes de su consumo. Prueba a añadir unos garbanzos cocidos y tendrás un plato de legumbres de primera.

CHURROS
CON CHOCOLATE ESPECIADO

Ingredientes para 4 comensales:

½ kg de harina

250 g de chocolate a la taza

1 clavo de olor

2 vainas de cardamomo

1 ramita de canela

500 ml de leche

½ l de agua

2 pellizcos de sal

Aceite de oliva

Azúcar

Elaboración:

1. En un cazo ponemos el agua con la sal y, cuando comience a hervir, lo apartamos del fuego y echamos de golpe la harina.

2. Mezclamos rápidamente con una cuchara de madera hasta que la masa se despegue de las paredes del cazo y los ingredientes se integren.

3. Dejamos reposar la masa durante 5 minutos y mientras está aún caliente la amasamos durante otro minuto.

4. La introducimos en una churrera o manga pastelera que tenga una boquilla rizada grande.

5. Ponemos el aceite a calentar y vamos echando la masa de la churrera o de la manga pastelera.

6. Freímos hasta que los churros estén dorados y los retiramos del aceite.

7. Para hacer el chocolate infusionamos previamente durante media hora la leche con las especias (el clavo de olor, el cardamomo y la canela), colamos las especias y añadimos el chocolate hasta que espese a nuestro gusto.

Consejo:
Si la masa no se despega de las paredes de la olla, vuelve a ponerla a fuego lento sin parar de remover hasta que lo haga.

COCIDITO
MADRILEÑO
CON GARBANZO DE BRUNETE

Ingredientes para 4 comensales:

300 g de garbanzos de Brunete (12 h en remojo desde agua templada)

¼ kg de huesos de jamón

150 g de chorizo

½ kg de morcillo

1 gallina pequeña

150 g de tocino (panceta)

½ kg de huesos de ternera (rodilla)

3 l de agua

1 pieza pequeña de repollo

½ kg de patatas peladas

2 dientes de ajo

Fideos

Pimentón

Elaboración:

1. Al menos 12 horas antes de comenzar a cocinar, ponemos los garbanzos a remojo en agua templada.

2. Pasadas las horas de remojo ponemos en una olla con agua fría los huesos de jamón y de ternera, el chorizo, el morcillo, la gallina y el tocino. Cuando comience a hervir desespumamos.

3. Con el agua hirviendo añadimos los garbanzos metidos en una malla y los dejamos cocer hasta que estén tiernos.

4. Sacamos los garbanzos y continuamos haciendo el caldo hasta que todas las carnes estén tiernas. Las retiramos a medida que vayan estando hechas.

5. En otra cacerola ponemos a cocer el repollo partido en tiras y las patatas cacheladas unos 20-25 minutos.

6. Cuando el repollo esté hecho, lo sacamos y lo rehogamos con los dos ajos picados finamente y el pimentón, y reservamos.

7. Hacemos los fideos en el caldo y los servimos junto con las carnes partidas, el repollo y las patatas.

Consejo:
En los minutos finales añade al caldo unas hojitas de hierbabuena y deja que infusione.

GALLINEJAS

Ingredientes para 4 comensales:

½ kg de intestino delgado de cordero

Harina de trigo

Aceite de oliva virgen extra

Sal gorda

Elaboración:

1. Lavamos bien las gallinejas eliminando cualquier resto de grasa o similar, las escurrimos y las secamos.

2. Cortamos en trozos de 5 centímetros de largo intentando que todos sean más o menos del mismo tamaño.

3. Calentamos el aceite hasta que alcance unos 180 ºC.

4. Enharinamos ligeramente las gallinejas y las freímos hasta que estén doradas y crujientes.

5. Servimos inmediatamente y sazonamos.

Consejo:

Para adelantar trabajo confitamos las gallinejas en aceite a fuego medio (a 140 ºC durante 15 minutos) y reservamos en el mismo aceite. Así se evitará el enharinado. Y una vez las necesitemos, freímos directamente a fuego fuerte.

SOLDADITOS

DE PAVÍA EN ADOBO

Ingredientes para 4 comensales:

½ kg de bacalao desalado en tiras

1 cucharada de orégano

1 cucharada de comino molido

1 cucharada de pimentón

1 vaso de agua

1 vaso de vinagre

2 dientes de ajo

1 hoja de laurel

100 g de harina

100 ml de cerveza muy fría

1 cucharada de colorante

Aceite de oliva

Sal

Elaboración:

1. Comenzamos preparando la marinada. Para ello ponemos en un recipiente profundo el orégano, el comino y el pimentón junto con los dos ajos pelados y machacados, el laurel, el vaso de agua, el de vinagre y la sal.

2. Mezclamos e introducimos el bacalao desalado y cortado en tiras y lo dejamos durante 24 horas para que marine bien.

3. En un bol ponemos el colorante junto con la harina y sin dejar de remover vamos añadiendo la cerveza hasta conseguir una mezcla sin grumos.

4. Escurrimos el bacalao y lo pasamos por la mezcla. Freímos en abundante aceite muy caliente.

Consejo:
Sírvelo recién hecho para que el interior esté jugoso y el exterior crujiente.

COMUNIDAD VALENCIANA

Brindan rico tesoro los naranjales de las riberas, penden racimos de oro bajo los arcos de las palmeras, su albufera nos colma del preciado grano que, bien conjugado, nos ayudará a gozar de sus paellas y arroces.

ARROZ
A BANDA
CON ALIOLI DE AJO NEGRO

Ingredientes para 4 comensales:

½ kg de arroz

1 ¼ l de fumet (véase p. 140), o agua (según la variedad del arroz)

200 g de sepia

200 g de mero

1 cucharada de ñora o choricero

1 tomate

Alioli:

2 dientes de ajo negro

1 yema de huevo

150 ml de aceite de oliva virgen extra

Vinagre

Elaboración:

1. Precalentamos el horno a 200 °C.

2. Cortamos en trozos pequeños el mero y la sepia y los doramos en una paellera con un poco de aceite a fuego medio-alto. Añadimos el ajo pelado y picado muy pequeño y lo cocinamos.

3. Incorporamos la ñora y el tomate rallado y continuamos cocinando hasta que pierda toda el agua.

4. Añadimos el arroz y nacaramos un rato todo junto.

5. Echamos el fumet o agua hirviendo y comprobamos el punto de sal.

6. Introducimos en el horno hasta que veamos que se ha secado.

7. Para el alioli, trituramos dos dientes de ajo negro junto con la yema de huevo, los 150 mililitros de aceite de oliva y un poco de vinagre.

Consejo:

Si quieres que el arroz te salga más suelto, elige una variedad de grano redondo de Senia, Bahía o, para nuestro gusto, el mejor (Calasparra), rehógalo 3 minutos y, una vez incorpores el fumet, remueve para repartir homogéneamente el caldo y el arroz. Durante el resto de la cocción no lo muevas más, ya que favorecerías que soltara almidón y se apelmazara.

ARROZ
CON BOGAVANTE

Ingredientes para 4 comensales:

250 g de arroz

1 bogavante grande abierto por la mitad

150 g de almejas

1 cebolla

1 diente de ajo

1 cucharada de perejil picado

2 tomates rallados

¾ l de fumet (caldo de pescado de la receta de la página 148)

10 hebras de azafrán

Agua

Sal

Aceite

Elaboración:

1. Comenzamos purgando las almejas. Para ello las metemos en 1 litro de agua con 70 gramos de sal durante 2 horas para conseguir que se limpien por dentro y expulsen la posible tierra que tengan dentro.

2. Doramos el bogavante por ambos lados en una paellera caliente con un poco de aceite.

3. Reservamos el bogavante y en el mismo aceite pochamos la cebolla y el ajo pelados y cortados en trozos pequeños.

4. Rehogamos 10 minutos a fuego lento. Incorporamos las hebras de azafrán y cocinamos 30 segundos. Subimos el fuego y agregamos el tomate rallado. Cuando haya perdido toda el agua que va soltando incorporamos el arroz y cocinamos 2 minutos.

5. Agregamos el fumet o caldo de pescado hirviendo y cocinamos aproximadamente 16 minutos. Incorporamos las almejas y el bogavante con la carne hacia abajo.

6. Lo tapamos, dejamos reposar 4 minutos y servimos con un toque de perejil picado por encima.

Consejo:
Si quieres que el arroz quede meloso, incorpórale el triple de caldo que de arroz. Si lo quieres caldoso, el cuádruple.

ARROZ
CON COSTRA

Ingredientes para 4 comensales:

½ kg de arroz

1 ¼ l de caldo de pollo o de carne, o agua

1 chorizo

1 butifarra

1 morcilla

1 conejo

1 pollo pequeño

1 tomate

10 huevos

Azafrán o colorante

Aceite de oliva virgen extra

Sal

Pimienta

Elaboración:

1. Precalentamos el horno a 220 °C.

2. Cortamos en trozos pequeños el chorizo, la butifarra y la morcilla. Doramos los embutidos a fuego fuerte en una paellera con un poco de aceite y reservamos.

3. En el mismo aceite freímos a fuego fuerte el conejo y el pollo troceados y salpimentados.

4. Incorporamos el tomate rallado y cocinamos hasta que pierda toda el agua.

5. Añadimos el azafrán, los embutidos que teníamos reservados y el arroz y rehogamos durante 2 minutos.

6. Agregamos el caldo de pollo o de carne, o agua hirviendo y ajustamos el punto de sal.

7. Dejamos cocer al fuego durante 7 minutos aproximadamente a fuego medio-alto, incorporamos los huevos batidos e introducimos la paellera en el horno precalentado para que termine de cocinarse durante unos 13 minutos.

Consejo:
A la hora de incorporar los huevos hazlo batiéndolos solo ligeramente y sin sal, así conseguirás que crezcan mucho más dentro del horno. También puedes añadir unos garbanzos cocidos.

ARROZ
DEL *SENYORET*

Ingredientes para 4 comensales:

320 g de arroz

12 gambas

12 mejillones

300 g de sepia

300 g de calamares

8 dl de fumet

½ dl de salsa de tomate

5 dientes de ajo

3 ñoras pequeñas

10 hebras de azafrán

1 manojo de perejil

1 dl de aceite de oliva virgen extra

Sal

½ dl de vino

Laurel

Elaboración:

1. En una sartén ponemos el aceite y doramos las ñoras. Las pasamos a un mortero junto con un diente de ajo pelado y una ramita de perejil y lo majamos todo bien. En el mismo aceite salteamos las cabezas de las gambas.

2. Ponemos en una olla con agua las espinas del pescado y añadimos el majado y las cabezas de las gambas para hacer un fumet.

3. Ponemos una paellera al fuego con el aceite en el que hemos salteado las gambas. Rehogamos cuatro ajos picados durante 4 minutos y añadimos la salsa de tomate y una pizca de sal.

4. Incorporamos los calamares y la sepia en dados y cocinamos a fuego fuerte unos 4 minutos. Añadimos el arroz y rehogamos todo junto.

5. Añadimos el fumet hirviendo y las hebras de azafrán y rectificamos de sal. Cocemos unos 8-10 minutos a fuego vivo y después lo introducimos en el horno 8-10 minutos más.

6. En otra olla ponemos los mejillones a cocer durante 2 minutos con un poco de vino y laurel.

7. Cuando falten 3 minutos aproximadamente añadimos los mejillones y las gambas peladas por encima del arroz dentro del horno.

Consejo:
Acompáñalo con un alioli con un toque de albahaca.

ARROZ
NEGRO CON CHIPIRONES

Ingredientes para 4 comensales:

400 g de arroz

8 chipirones limpios en trozos medianos

16 gambas peladas

½ cebolla

½ pimiento verde

1 diente de ajo

½ pimiento rojo

2 cucharadas de salsa de tomate

½ vaso de vino blanco

8 sobres de tinta de calamar

1 l de fumet

Aceite de oliva

Sal

Elaboración:

1. Pelamos la cebolla y el ajo, los picamos finamente con el pimiento verde y rojo y rehogamos todo en una paellera con un poco de aceite a fuego lento hasta que estén bien pochados.

2. Incorporamos los chipirones limpios y sofreímos a fuego fuerte 3 minutos.

3. Agregamos la salsa de tomate y cocinamos 5 minutos más.

4. Vertemos el vino y subimos el fuego hasta que reduzca.

5. Añadimos el arroz y la tinta de calamar y rehogamos 3 minutos para conseguir que el arroz quede suelto.

6. Agregamos el fumet a punto de sal hirviendo y horneamos a 200 °C. Lo dejamos hasta que veamos que el arroz está seco, aproximadamente unos 18 minutos. Cuando queden 5 minutos incorporamos las gambas.

7. Sacamos del horno y dejamos que repose 5 minutos.

Consejo:

Si realizas los arroces secos al horno a 200 °C, te resultará más fácil que siempre te salgan en su punto. Acompáñalos de un buen alioli.

FARTONS
VALENCIANOS

Ingredientes para 4 comensales:

50 g de azúcar

300 g de harina de fuerza

45 g de levadura fresca prensada

2 huevos

1 cucharadita de sal

20 ml de zumo de limón

50 ml de aceite de girasol

50 ml de agua

Elaboración:

1. Batimos los huevos hasta que espumen, incorporamos el azúcar y continuamos batiendo.

2. Disolvemos la levadura en agua tibia y por otro lado mezclamos la harina con la sal.

3. Hacemos un volcán en el centro de la harina y vamos añadiendo poco a poco el agua con la levadura.

4. Agregamos también el zumo de limón, el aceite y los huevos y mezclamos todo bien.

5. Amasamos durante unos 20 minutos hasta conseguir una masa homogénea y lisa.

6. Dejamos que la masa repose en un bol tapado durante media hora.

7. Pasado el tiempo de reposo dividimos en bolitas de 50 gramos cada una y amasamos cada bola hasta conseguir un rectángulo de 20 centímetros aproximadamente.

8. Enrollamos los rectángulos sobre sí mismos y dejamos que reposen de nuevo durante 1 hora.

9. Los colocamos en la parte más baja del horno y los horneamos unos 10 minutos a 180 °C.

Consejo:
Puedes terminar con un glaseado por encima entibiando el agua y añadiendo poco a poco el azúcar glas sin dejar de batir con una varilla.

FIDEUÁ
DE GANDÍA

Ingredientes para 4 comensales:

400 g de fideos n.º 3

4 cigalas

8 gambas

400 g de rape en trozos

1 cebolla

2 tomates

1 diente de ajo

½ puerro grande

1 ½ kg de morralla de pescado (espinas, cabezas, etc.)

Aceite de oliva virgen extra

3 l de agua

Unas hebras de azafrán

Sal

1 cucharada de pimentón picante

Elaboración:

1. Comenzamos haciendo un caldo de pescado o fumet. Para ello ponemos a cocer los 3 litros de agua durante media hora con la morralla, la cebolla y el medio puerro. Lo colamos y dejamos que reduzca a la mitad.

2. Ponemos en una paellera o recipiente similar un poco de aceite y freímos las cigalas, las gambas y el rape. Lo retiramos y reservamos.

3. En la misma paellera rehogamos el ajo pelado y picado en trozos pequeños. Añadimos el azafrán, el pimentón picante y los tomates rallados.

4. Incorporamos los fideos y los cocinamos hasta que se doren. Tienen que coger un ligero tono dorado pero sin llegar a quemarse.

5. Agregamos el caldo ajustando el punto de sal y cocinamos durante unos 8 minutos.

6. Añadimos los mariscos y los pescados y cocemos 2 minutos más.

7. Servimos caliente.

Consejo:

Puedes utilizar otra clase de fideos como, por ejemplo, los que tienen agujero en el centro, pero yo te recomiendo que lo hagas con los del n.º 3.

RAPE

EN *ALL I PEBRE*

Ingredientes para 4 comensales:

1 kg de rape

750 g de patatas

1 cabeza grande de ajos

2 guindillas

100 ml de aceite de oliva virgen extra

Sal

1 cucharada de pimentón dulce

Agua hasta cubrir

Elaboración:

1. Pelamos y majamos los ajos en un mortero.

2. Ponemos en una olla el aceite, los ajos y las guindillas y antes de que comiencen a dorarse añadimos el pimentón y un vaso de agua.

3. Incorporamos las patatas cacheladas y el rape limpio y troceado y ajustamos el punto de sal.

4. Cubrimos con el resto del agua y cocinamos a fuego medio durante aproximadamente 25 minutos con la olla destapada. Al final, comprobamos de nuevo el punto de sal.

Consejo:
Puedes elaborar esta receta con otro pescado. Por ejemplo, con anguila queda delicioso.

EXTREMADURA

El aire limpio, las aguas puras. Verde por todos sus rincones, nos regala sabrosos tomates, extensos arrozales y bellotas que saciarán a los futuros manjares ibéricos.

CHANFAINA

EXTREMEÑA
CON UN TOQUE DE CANELA

Ingredientes para 4 comensales:

550 g de asadurillas de cordero

250 g de falda de cordero

100 ml de aceite de oliva virgen extra

1 diente de ajo

1 cebolla

1 laurel

1 guindilla

100 g de tomate triturado natural

125 ml de vino blanco

Sal

Pimienta

Agua

Elaboración:

1. Pelamos y picamos en trozos pequeños la cebolla y el ajo y los sofreímos en una sartén con un poco de aceite junto con la guindilla y el laurel.

2. Una vez sofrito, lo trituramos con una batidora hasta que obtengamos una pasta.

3. Cortamos la asadurilla y la falda en trozos medianos y salpimentamos.

4. Doramos en una sartén profunda por todos los lados e incorporamos el tomate triturado natural. Rehogamos durante 3 minutos más.

5. Incorporamos el vino blanco y dejamos que reduzca el alcohol.

6. Incorporamos agua hasta cubrir las carnes y añadimos también la pasta preparada anteriormente.

7. Cocinamos durante media hora aproximadamente o hasta que la carne esté tierna y ajustamos el punto de sal.

Consejo:
Añade durante la cocción una ramita de canela, le dará un toque aromático.

ESCABECHE
DE PICHÓN

Ingredientes para 4 comensales:

6 pichones

1 cebolla

1 zanahoria

2 dientes de ajo

1 vaso de aceite de oliva virgen extra

1 vaso de agua

½ vaso de vinagre

Laurel

Sal

Pimienta

Elaboración:

1. Ponemos los pichones en una cazuela honda, los salpimentamos y los doramos en un poco de aceite de oliva virgen extra con el fuego fuerte.

2. Retiramos los pichones del fuego y reservamos.

3. Pelamos y cortamos en juliana la cebolla, la zanahoria y los ajos y los pochamos en la misma cazuela y con el mismo aceite de los pichones.

4. Incorporamos el laurel, los pichones que teníamos reservados, el vaso de aceite, el de agua y el medio de vinagre a las verduras y dejamos cocer durante unos 20 minutos para que el vinagre pierda fuerza.

5. Dejamos enfriar en el mismo escabeche para acentuar los sabores.

Consejo:
Añade unos frutos rojos al escabeche y tritúralos, le darás un toque muy diferente.

LENGUAS

ESTOFADAS DE CERDO
AL ACEITE DE OLIVA PACENSE

Ingredientes para 4 comensales:

3 lenguas de cerdo

1 cebolla

2 pimientos secos

1 vaso de vino blanco

2 vasos de agua

Aceite de oliva de Badajoz

Laurel

Sal

Pimienta negra

Elaboración:

1. Pelamos y cortamos la cebolla en juliana y la sofreímos en una cacerola con un poco de aceite junto con los pimientos secos y el laurel.

2. Limpiamos las lenguas retirando las impurezas que tengan e incluso raspando con el filo de un cuchillo si fuera necesario.

3. Salpimentamos las lenguas y las incorporamos al guiso hasta que estén ligeramente doradas.

4. Añadimos el vaso de vino blanco y otros dos vasos de agua para cubrir y removemos todo bien.

5. Cuando las lenguas estén tiernas las partimos en lonchas y las servimos calientes con el jugo que resulta tras la cocción por encima.

Consejo:

Para conseguir una salsa más fina, retira las lenguas una vez cocinadas y tritura el resto de los ingredientes.

MIGAS

DEL PASTOR

Ingredientes para 4 comensales:

500 g de pan del día anterior

150 g de chorizo

125 g de panceta

4 dientes de ajo

4 huevos

1 cucharada colmada de pimentón de la Vera (puede ser picante)

2 dl de aceite de oliva

Agua

Sal

Elaboración:

1. Desmigamos el pan del día anterior en cuadraditos de 1 centímetro aproximadamente. Los colocamos en una fuente amplia de forma que queden bien repartidos y les añadimos 1 vaso de agua cubriendo todo bien. Podemos echarla a modo de ducha para humedecer todo el pan. Lo dejamos reposar al menos durante 1 hora.

2. En una cazuela amplia sofreímos los dientes de ajo enteros y los reservamos cuando estén hechos.

3. Cortamos en dados la panceta y el chorizo en dados y los rehogamos en la misma cazuela. Los retiramos también cuando estén listos.

4. Incorporamos el pimentón y removemos sin parar para que no se queme y enseguida añadimos las migas de pan humedecidas y damos vueltas hasta que se impregnen bien con el pimentón.

5. Agregamos el chorizo, la panceta y los ajos y removemos para integrar todos los ingredientes. Dejamos reposar.

6. Freímos los huevos procurando que la yema quede un poco cruda.

7. Servimos las migas con un huevo frito por cada ración.

Consejo:

Incorpora la sal en el vaso de agua para que impregne el pan a la hora de hidratarse.

SOPA

DE TOMATE EXTREMEÑO
CON HUEVO POCHÉ DE CODORNIZ

Ingredientes para 4 comensales:

1,5 kg de tomates maduros

1 pimiento rojo

1 pimiento verde

150 g de pan

1 cebolla

3 dientes de ajo

1 cucharadita de comino molido

1,5 l de caldo de pollo

Aceite de oliva virgen extra

Sal

4 huevos de codorniz (opcional)

Elaboración:

1. Escaldamos los tomates en agua caliente para poder pelarlos fácilmente. Les quitamos también las pepitas y los cortamos en dados pequeños.

2. Picamos los pimientos rojo y verde y la cebolla, pelada, y los pochamos en aceite a fuego medio durante media hora.

3. Añadimos los tomates partidos en dados y cocinamos hasta que se haya evaporado toda el agua. Sazonamos.

4. Majamos los ajos pelados en un mortero y los añadimos al guiso junto con el comino. Mantenemos a fuego medio unos 10 minutos.

5. Incorporamos el caldo y cocemos 10 minutos más.

6. Cortamos el pan en rebanadas finas.

7. Para emplatar, servimos la sopa muy caliente y las rebanadas de pan, fritas o crudas, encima.

Consejo:

Puedes terminar el guiso con un huevo de codorniz poché por persona. Para ello escalfa los huevos en agua caliente con sal y vinagre durante 3 minutos.

ZORONGOLLO

Ingredientes para 4 comensales:

8 pimientos rojos

4 patatas

3 cebolletas

2 tomates

1 cabeza de ajos

1 taza de aceite de oliva

1 o 2 cucharadas de vinagre

Sal

Elaboración:

1. Limpiamos bien los tomates y los pimientos. Los colocamos en una bandeja de horno, los untamos con aceite y añadimos la cabeza de ajos. Horneamos durante 45 minutos aproximadamente a 190 °C.

2. Cuando las verduras estén asadas, dejamos que templen y las pelamos.

3. Pasamos por un mortero o túrmix los ajos, los tomates, media taza de aceite, el vinagre y la sal.

4. Pochamos las patatas laminadas en un poco de aceite hasta que estén blanditas.

5. Para emplatar ponemos las patatas pochadas, los pimientos asados en tiras y la cebolleta cortada finita. Aliñamos con el majado de ajo, tomate y aceite.

Consejo:

Realiza esta ensalada de un día para otro, el resultado no tiene nada que ver.

GALICIA

Un confín de sorpresas. Rías, costa y prados donde disfrutar de un marco gastronómico único: marisco, pescado, castañas, orujo o miel.

FILLOAS
CARAMELIZADAS

**Ingredientes para
4 comensales:**

½ l de leche

200 g de harina

3 huevos

25 g de azúcar

Mantequilla

Elaboración:

1. Trituramos todos los ingredientes menos la mantequilla y dejamos reposar la masa durante al menos 20 minutos. Reservamos un poco de azúcar.

2. Una vez reposada la masa calentamos a fuego medio una sartén plana antiadherente.

3. Untamos la sartén con un poco de mantequilla y pasamos un papel de cocina para retirar el exceso.

4. Cuando esté caliente vertemos cada vez una pequeña cantidad de masa y dejamos que se extienda por toda la sartén.

5. Cuando los bordes se doren les damos la vuelta con ayuda de una espátula y las doramos también por el otro lado.

6. Las rellenamos con lo que más le guste a cada uno y las enrollamos sobre sí mismas.

7. Espolvoreamos azúcar por encima de las filloas y caramelizamos con un soplete, o las metemos en la parte superior del horno con la función del grill al máximo.

Consejo:
Prueba a rellenarlas con una compota de manzana.

LACÓN

CON GRELOS

Ingredientes para 4 comensales:

1 ½ kg de lacón fresco

1 manojo grande de grelos

3 chorizos

2 patatas grandes

1 cebolla mediana

Aceite de oliva virgen extra

Pimentón dulce o picante

Sal

Elaboración:

1. Cocemos el lacón entre 1 ½ y 2 horas en abundante agua con sal y con la cebolla pelada.

2. Cuando falte media hora para finalizar la cocción del lacón incorporamos los chorizos y las patatas cacheladas gruesas.

3. En otra olla cocemos los grelos desde agua hirviendo durante 10 minutos, escurrimos y reservamos.

4. Para emplatar ponemos el lacón cortado en filetes o lonchas muy finas, los chorizos, las patatas y los grelos.

5. Espolvoreamos por encima pimentón dulce o picante y un chorrito de aceite.

Consejo:
Es conveniente cocer siempre los grelos aparte porque el agua de la cocción se amarga.

MEJILLONES
AL ALBARIÑO CON TOQUE PICANTE

Ingredientes para 4 comensales:

1 kg de mejillones

2 cebollas

2 dientes de ajo

110 ml de aceite de oliva virgen extra

Unas hebras de azafrán

25 g de harina

½ l de albariño

2 cayenas

1 cucharadita de perejil fresco picado

Sal

Elaboración:

1. Pelamos las cebollas y los ajos y los picamos en trozos pequeños.

2. A continuación los sofreímos con las cayenas en un poco de aceite hasta que estén bien rehogados.

3. Añadimos la harina y las hebras de azafrán y removemos 3 minutos, hasta que esté todo cocinado.

4. Incorporamos el albariño y dejamos que reduzca hasta que pierda todo el alcohol.

5. Ajustamos el punto de sal.

6. Agregamos a la salsa los mejillones bien limpios, los tapamos y los dejamos cocer a fuego fuerte durante 1 minuto o hasta que se abran.

7. Espolvoreamos el perejil por encima y servimos bien caliente.

Consejo:
Si te gusta más una salsa sin trocitos, tritúrala y cuélala por un chino antes de incorporar los mejillones.

POTE
GALLEGO

Ingredientes para 4 comensales:

250 g de judías blancas
(en remojo en agua fría 12 h)

100 g de lacón

1 hueso de espinazo

½ kg de morcillo

3 patatas

½ kg de grelos limpios

100 g de unto

1 chorizo

1 morcilla

2 l de agua

Sal

Elaboración:

1. Ponemos a remojo en agua fría las judías blancas durante al menos 12 horas.

2. En una olla cocemos a fuego lento y en 2 litros de agua las judías, el lacón, el hueso de espinazo, el morcillo, el unto, la morcilla y el chorizo.

3. En otra cazuela aparte, para evitar que amargue el caldo, cocemos durante 15 minutos los grelos con sal desde agua hirviendo.

4. Cuando las judías estén casi en su punto, añadimos a la olla del guiso las patatas cacheladas y rectificamos el punto de sal.

5. Para servir partimos todas las carnes e incorporamos los grelos.

Consejo:
Corta la cocción 3 veces durante la elaboración con agua fría o hielo, así favorecerás que las judías salgan tiernas y no pierdan su piel.

PULPO
A LA GALLEGA
CON CACHELOS DE PATATA MORADA

Ingredientes para 4 comensales:

1 ½ kg de pulpo

½ kg de patatas

1 cebolla

2 hojas de laurel

Sal gorda o en escamas

Pimentón dulce

Aceite de oliva virgen extra

Agua

Elaboración:

1. En una cacerola ponemos agua a cocer con el laurel y la cebolla pelada.

2. En cuanto empiece a hervir añadimos el pulpo y lo asustamos 3 veces, es decir, añadimos agua fría o hielo para parar la cocción.

3. Dejamos que hierva una media hora o hasta que el pulpo esté tierno.

4. Una vez hecho, dejamos que repose dentro del agua pero fuera del fuego durante unos 15 minutos.

5. Pelamos las patatas y las cachelamos, esto es, las partimos metiendo un poco la punta del cuchillo y troceándolas sin que queden perfectas.

6. Ponemos las patatas a cocer en un poco del agua que hemos utilizado para cocinar el pulpo y las dejamos hasta que estén tiernas.

7. Colocamos todos los ingredientes en una cazuela de barro. Primero las patatas cacheladas, después el pulpo partido en rodajas medianas y por último añadimos por encima sal, pimentón y aceite de oliva.

Consejo:
Procura hacerlo con un pulpo congelado que descongelarás 24 horas antes de cocinarlo. Al congelar el pulpo, las fibras musculares se rompen y quedará más tierno.

TARTA

DE SANTIAGO AL AROMA DE CÍTRICOS

Ingredientes para 4 comensales:

5 huevos

235 g de azúcar

250 g de almendras molidas

Ralladura de 1 limón

1 cucharadita de canela

Azúcar glas para decorar

Aceite o mantequilla

Elaboración:

1. En un bol mezclamos el azúcar, las almendras molidas, la ralladura de limón y la canela.

2. Añadimos los huevos de uno en uno y batimos enérgicamente hasta conseguir una masa fina y homogénea.

3. Engrasamos con aceite o mantequilla un molde redondo de unos 22 centímetros de diámetro y espolvoreamos harina.

4. Rellenamos el molde con la mezcla y horneamos durante media hora a 180 °C con el horno previamente precalentado.

5. Dejamos que se enfríe y con ayuda de una plantilla de la cruz de Santiago espolvoreamos azúcar glas por encima y la retiramos.

Consejo:

Para darle un toque diferente, añade una cucharadita de licor de anís después de incorporar los huevos.

ISLAS BALEARES

Semillas de oro para disfrutar de su gastronomía mediterránea: hortalizas, mariscos y pescados, excelentes sopas, bullit de peix, ensaimadas o la coca mallorquina.

ARROZ

BRUT

Ingredientes para 4 comensales:

400 g de arroz

1 l de agua

½ conejo

1 pichón

100 g de costillas de cerdo

¼ de butifarra

100 g de setas

100 g de sobrasada

1 cebolla

1 tomate maduro grande

Sal y pimienta

Majado:

6 hebras de azafrán

1 diente de ajo

1 ramillete de perejil

1 guindilla

Aceite de oliva virgen extra

Elaboración:

1. Partimos el conejo, el pichón, las costillas de cerdo y la butifarra. Lo salpimentamos todo y lo doramos en una olla ancha o en una paellera con un poco de aceite.

2. Incorporamos la sobrasada y la cebolla pelada y picada muy finamente.

3. Cuando la cebolla esté pochada, añadimos el tomate rallado y cocinamos 5 minutos.

4. Agregamos el litro de agua y cocemos a fuego medio durante una media hora.

5. Mientras, preparamos el majado en un mortero machacando el ajo pelado, el perejil, el azafrán y la guindilla hasta conseguir una pasta con el aceite de oliva virgen extra.

6. Limpiamos y troceamos las setas y las añadimos al arroz junto con el majado.

7. Ajustamos el punto de sal y cocinamos unos 18 minutos aproximadamente.

8. El arroz debe quedar meloso.

Consejo:

Si no encuentras pichones, puedes utilizar perdices o picantones.

CALDERETA

DE LANGOSTA

Ingredientes para 4 comensales:

2 langostas de 1 kg cada una

1 cebolla

2 dientes de ajo

2 puerros

1,5 l de fumet

1 ramita de hinojo

2 tomates maduros

125 ml de brandy

1 manojo de perejil

75 g de almendras tostadas

Elaboración:

1. Cortamos las cabezas de las langostas por la mitad y las colas por sus medallones.

2. En un mortero hacemos un majado con un ajo pelado, un poco de perejil y las almendras tostadas hasta conseguir una pasta. La reservamos.

3. En una cazuela sofreímos los medallones de las langostas, añadimos el brandy y lo flambeamos. Lo retiramos de la olla y lo reservamos también.

4. En la misma cazuela sofreímos el otro ajo pelado, la cebolla pelada y cortada en trocitos pequeños, los puerros en rodajas, perejil y la ramita de hinojo. Incorporamos los tomates maduros rallados y continuamos cocinando.

5. Agregamos el fumet y cocemos 10 minutos más.

6. Lo trituramos y lo colamos todo bien con ayuda de un chino.

7. Colocamos en la cazuela los medallones, el caldo y el majado y cocinamos unos 5 últimos minutos.

Consejo:
Cambia la langosta por bogavante. La elaboración será la misma.

ENSAIMADAS

CASERAS

Ingredientes para 4 comensales:

600 g de harina de fuerza

200 g de azúcar

125 g de manteca de cerdo

3 huevos

20 g de levadura fresca

150 ml de agua tibia

Aceite de oliva

Azúcar glas

Elaboración:

1. En un bol ponemos 25 g de manteca de cerdo, los huevos y el azúcar. Disolvemos la levadura en el agua tibia y las incorporamos al bol. Mezclamos todo bien.

2. Tamizamos la harina encima del bol y con las manos impregnadas en un poco de aceite amasamos hasta conseguir una masa elástica que dejaremos fermentar dentro del horno apagado. (En invierno necesitará unas 12 horas, y en verano, unas 5.) Cortamos la masa en 16 porciones y dejamos que repose de nuevo.

3. Repartimos el resto de la manteca de forma generosa por todas las porciones.

4. Estiramos con las manos cada porción por los laterales y las enrollamos sobre sí mismas a lo ancho para que queden con forma alargada.

5. Las enrollamos de nuevo, esta vez en forma de espiral, y las colocamos sobre una bandeja de horno bien aceitada.

6. La tapamos con un paño y dejamos que doble su volumen.

7. La horneamos a 160 °C durante 20 minutos aproximadamente, la sacamos del horno y espolvoreamos azúcar glas por encima.

Consejo:

Una de las variables más curiosas de estas ensaimadas son las que van rellenas de sobrasada. Te sorprenderá.

ISLAS CANARIAS

Repartido en siete peñas late el pulso de mi alma, y más cuando se disfruta de sus vinos, sus exquisitos plátanos, el imponente rancho canario o su popular gofio.

PAPAS
ARRUGÁS CON MOJO VERDE

Ingredientes para 4 comensales:

1 kg de patatas (papa canaria)

½ kg de sal gorda

Mojo verde:

1 cabeza de ajos pequeña

4 bolitas de pimienta verde

2 cucharaditas de comino en grano

1 manojo de perejil o cilantro

8 cucharadas de vinagre

30 cucharadas de aceite

Sal gorda

Elaboración:

1. Ponemos las patatas en una cacerola y cubrimos con agua. Añadimos la sal y dejamos que hierva hasta que estén tiernas.

2. Las escurrimos y las volvemos a echar en la misma cacerola sin lavar (es importante tener esto en cuenta). Las ponemos a fuego lento sin dejar de remover con mucho cuidado hasta que se sequen. En ese momento se creará una pequeña capa de sal y la piel se arrugará.

3. Para hacer el mojo, majamos las bolitas de pimienta verde junto con el comino en grano, los ajos y el perejil o cilantro.

4. Poco a poco añadimos el vinagre y el aceite hasta obtener una salsa homogénea y emulsionada.

Consejo:
Si quieres que el mojo sea más consistente, añade un trozo de pimiento verde.

RANCHO
CANARIO

Ingredientes para 4 comensales:

250 g de garbanzos

250 g de morcillo de ternera en un trozo

250 g de pollo

250 g de patatas

50 g de fideos

½ cabeza de ajos

1 cebolla pequeña

1 tomate pequeño

1 cucharadita de pimentón

125 g de aceite de oliva virgen extra

125 g de vino blanco

Azafrán

Tomillo

Laurel

Agua y sal

Elaboración:

1. Dejamos en remojo los garbanzos desde la noche anterior para conseguir que la cocción tarde menos tiempo.

2. Pasado el tiempo de remojo ponemos los garbanzos a cocer en una olla con al menos 1 litro de agua además del morcillo de ternera y el pollo.

3. En una sartén con un poco de aceite sofreímos la cebolla pelada y cortada en juliana junto con la media cabeza de ajos entera y sin pelar y el tomate cortado en trozos pequeños.

4. Añadimos el pimentón y rehogamos solo unos segundos para evitar que se queme.

5. Incorporamos el sofrito al guiso, junto con el azafrán, el tomillo, el laurel y el vino blanco.

6. Cuando los garbanzos estén cocidos los sacamos de la olla, apartamos también la carne de morcillo y el pollo y partimos las carnes. Incorporamos las patatas cacheladas.

7. Dejamos cocer hasta que las patatas estén en su punto e incorporamos los fideos. Mantenemos al fuego otros 3 minutos más y servimos caliente.

Consejo:
Pon las carnes a cocer desde agua fría e incorpora los garbanzos una vez que el agua hierva.

SANCOCHO

Ingredientes para 4 comensales:

1 kg de bacalao desalado

1 kg de patatas

1 kg de batatas

Mojo:

5 dientes de ajo

1 pimiento choricero

1 cucharadita de pimentón dulce

1 cucharadita de comino molido

1 cayena

250 ml de aceite de oliva

50 ml de vinagre

Pella de gofio:

½ kg de gofio

125 ml de agua de la cocción

125 ml de aceite

Sal y azúcar

Elaboración:

1. Introducimos las batatas y las patatas limpias y sin partir en una olla y las cubrimos con agua hasta taparlas.

2. Las ponemos al fuego y cuando estén casi listas añadimos el bacalao en trozos y cocinamos unos 5 minutos.

3. Lo escurrimos bien y lo servimos con pella de gofio.

4. Para hacer la pella de gofio juntamos el gofio, agua de la cocción y aceite en un bol con una pizca de sal y azúcar y mezclamos todo bien hasta conseguir una masa dura.

5. Le damos forma de cilindro y lo cortamos en rodajas.

6. Preparamos un mojo para acompañar este plato. Para ello majamos los ajos picados y pelados en un mortero junto con la cayena, el comino molido y el pimentón hasta conseguir una pasta. Añadimos el vinagre para realzar el sabor.

7. Añadimos poco a poco la pulpa del pimiento choricero y el aceite sin parar de remover.

8. Servimos el pescado con las patatas y batatas en rodajas junto con la pella de gofio y el mojo.

Consejo:

Prueba a cambiar el bacalao por corvina: sale excepcional.

LA RIOJA

El rojo vino de sus cepas y las verdes huertas en sus valles maridan delicias únicas, como las patatas riojanas o sus frutas al vino, que dejan saciado al gourmet.

COLIFLOR

A LOS DOS PIMENTONES

Ingredientes para 4 comensales:

1 coliflor

2 cucharadas de aceite de oliva virgen extra

1 cucharada de pimentón dulce

½ cucharadita de pimentón picante

3 dientes de ajo

1 cucharada de vinagre

Sal

Agua

Elaboración:

1. Para empezar separamos la coliflor en ramilletes y los limpiamos bien para retirar la posible tierra.

2. Ponemos los ramilletes de la coliflor a cocer en agua hirviendo con sal hasta que esté tierna.

3. En otra sartén con un poco de aceite freímos los dientes de ajo pelados y partidos en láminas.

4. Añadimos a la sartén el pimentón dulce y el picante y enseguida incorporamos el vinagre para evitar que se quemen.

5. Salseamos la coliflor con el sofrito y ponemos un poco de sal por encima.

Consejo:
Si incorporas un chorrito de vinagre al agua, evitarás o minimizarás el olor de la coliflor durante la cocción.

PATATAS

GUISADAS A LA RIOJANA

Ingredientes para 4 comensales:

2 patatas grandes

2 dientes de ajo

1 cebolla

1 pimiento verde

1 chorizo asturiano

1 cucharadita de pulpa de pimiento choricero o ñora

1 cucharadita de pimentón

1 hoja de laurel

Aceite de oliva virgen extra

Agua

Elaboración:

1. Pelamos los dientes de ajo y lo rehogamos en un poco de aceite durante 2 minutos.

2. Pelamos la cebolla. La añadimos junto con el pimiento verde, ambos cortados en juliana, y los mantenemos al fuego medio-bajo otros 25 minutos más o hasta que queden con un tono caramelizado.

3. Incorporamos el pimiento choricero, que habremos hidratado previamente en agua tibia.

4. Añadimos el chorizo asturiano troceado y rehogamos unos 5 minutos.

5. Agregamos las patatas cacheladas, es decir, las partimos haciendo presión con la puntilla e intentando arrancar cada trozo. Las cocinamos durante 10 minutos sin dejar de remover y sazonamos.

6. Añadimos el pimentón y cubrimos el guiso con agua.

7. Incorporamos el laurel y cocemos a fuego muy lento hasta que las patatas estén tiernas.

Consejo:

Prueba a hacer una crema con lo que te sobre, será un aperitivo espectacular.

NAVARRA

Tierra brava y noble, fiel a su tradición y sus costumbres, su huerta nos regala manjares tan sabrosos como los espárragos, las alcachofas, los pimientos y las alubias.

ALCACHOFAS
CON ALMEJAS Y BERBERECHOS

Ingredientes para 4 comensales:

16 alcachofas

1 cebolla

4 dientes de ajo

½ kg de almejas

½ kg de berberechos

40 g de harina

800 ml de agua

120 ml de vino blanco

1 limón

Aceite de oliva virgen extra

1 cucharada de perejil fresco

Sal

Zumo de limón

Elaboración:

1. Limpiamos las alcachofas. Para ello quitamos las hojas exteriores y duras con ayuda de un cuchillo. Las partimos en trozos iguales y las rociamos con un poco de zumo de limón para evitar que se oxiden.

2. Ponemos a cocer las alcachofas en agua hirviendo con sal y añadimos un limón partido por la mitad y perejil fresco.

3. Dejamos cocer hasta que las alcachofas estén tiernas y, una vez hechas, las reservamos en el agua de la cocción.

4. Por otro lado, pelamos y cortamos la cebolla y los ajos en trozos pequeños y los sofreímos en un poco de aceite.

5. Una vez pochada la cebolla, agregamos la harina y rehogamos durante 1 minuto aproximadamente. Incorporamos el vino y dejamos evaporar.

6. Añadimos 250 mililitros del caldo de la cocción de la alcachofa e incorporamos las almejas y los berberechos.

7. Cocinamos durante 2 minutos a fuego fuerte y lo servimos bien caliente.

Consejo:

Para limpiar las almejas, déjalas 1 hora antes en agua con abundante sal.

CARDO

A LA NAVARRA CON VINO ROSADO

Ingredientes para 4 comensales:

400 g de cardos

75 g de cebolla

1 diente de ajo

50 g de jamón serrano

50 ml de aceite de oliva virgen extra

15 g de harina

100 ml de vino rosado

Zumo de limón

Agua

1 limón

Sal

Elaboración:

1. Limpiamos los cardos. Para ello quitamos con un cuchillo las zonas duras, las hojas y los filamentos que recubren el tallo hasta quedarnos con la penca de color blanco verdoso.

2. Los partimos en trozos iguales y los rociamos con zumo de limón para evitar que se oxiden.

3. Ponemos a cocer los cardos en agua hirviendo con sal y añadimos un limón partido por la mitad.

4. Dejamos que hierva durante 90 minutos y, pasado ese tiempo, los reservamos en el agua de la cocción.

5. Pelamos y cortamos la cebolla y el ajo en trocitos pequeños y los sofreímos con un poco de aceite.

6. Una vez pochada la cebolla, incorporamos el jamón serrano cortado en tiras muy finas.

7. Agregamos la harina y rehogamos durante 1 minuto o hasta que veamos que la harina no está cruda. Incorporamos el vino rosado y dejamos que reduzca.

8. Añadimos 250 mililitros del agua de la cocción y el cardo cocido. Cocinamos todo a fuego fuerte durante unos 2 minutos y lo servimos bien caliente.

Consejo:

Otra forma de evitar la oxidación del cardo es introducirlo en agua con abundante perejil fresco.

HUEVOS
ROTOS CON CHISTORRA

Ingredientes para 4 comensales:

8 huevos

1 kg de patatas

200 g de chistorra pamplonica

1 cebolla

Aceite de oliva

Sal

Elaboración:

1. Pelamos las patatas, las limpiamos y las cortamos en panadera, es decir, en rodajas de unos 5 milímetros de grosor. Las secamos muy bien para absorber la humedad.

2. Freímos las patatas a fuego medio en abundante aceite caliente durante unos 12 minutos.

3. Las escurrimos y las ponemos sobre un papel de cocina para absorber el exceso de grasa y las salamos.

4. Retiramos gran parte del aceite que hemos utilizado para las patatas y pochamos a fuego lento una cebolla pelada y partida en juliana.

5. En otra sartén freímos la chistorra partida en trozos hasta que veamos que queda dorada por fuera y jugosa por dentro.

6. Por otro lado freímos los huevos en aceite de oliva.

7. Para emplatar ponemos las patatas y la cebolla en una bandeja, repartimos los huevos por encima; acto seguido, los rompemos y los mezclamos con las patatas y la cebolla.

8. Incorporamos la chistorra junto al resto de los ingredientes.

Consejo:
Si quieres darle un toque ligeramente dulce, añade un poco de miel o azúcar a la cebolla cuando la poches. Así conseguirás que quede caramelizada.

TRUCHA
A LA NAVARRA

Ingredientes para 4 comensales:

4 truchas

8 lonchas de jamón serrano

2 limones

Harina

Aceite de oliva

Perejil

Sal

Elaboración:

1. Limpiamos las truchas retirando las vísceras y lavando con abundante agua fría.

2. Las sazonamos en el interior y rellenamos con 2 lonchas de jamón serrano cada trucha.

3. Sazonamos también por el exterior y enharinamos ligeramente.

4. Freímos en abundante aceite muy caliente, de forma que se doren desde el principio y queden selladas por fuera y jugosas por dentro.

5. Para decorar las truchas fritas cortamos los limones en gajos o rodajas, los colocamos por encima y espolvoreamos perejil picado.

Consejo:
Es importante que la temperatura del aceite sea media-alta para así evitar que el pescado se cocine solo por fuera y quede crudo por dentro.

PAÍS VASCO

Hay un roble en Vizcaya, viejo, fuerte y sano como la gastronomía vasca, tradicional y renovada, clásica y vanguardista, cuidada y sabrosa, cuna de chefs imprescindibles en nuestro saber culinario.

BACALAO
A LA VIZCAÍNA ENTOMATADO

Ingredientes para 4 comensales:

4 tranchas de bacalao

½ kg de cebollas

3 dientes de ajo

25 g de pan

400 g de tomates frescos

4 pimientos choriceros
o ñoras

Sal

Azúcar

Elaboración:

1. Ponemos las ñoras en remojo.

2. Por otro lado, pelamos y cortamos la cebolla en juliana y el ajo y los pochamos a fuego medio durante 25 minutos en una cazuela tapada.

3. Añadimos el pan y los tomates cortados en dados y los dejamos cocer otros 10 minutos más tapado.

4. Añadimos la carne de las ñoras y cocemos 10 minutos de nuevo.

5. Trituramos todo y rectificamos el punto de sal y de azúcar si fuera necesario.

6. Ponemos un poco de salsa en un recipiente de barro y colocamos encima el bacalao. Terminamos de salsear con el resto de la salsa.

7. Horneamos durante 10 minutos a 190 °C.

Consejo:
Es poco usual pero puedes probar esta salsa con una buena pasta.

BACALAO
AL PILPIL

Ingredientes para 4 comensales:

4-5 lomos de bacalao desalado

½ l de aceite de oliva

4 dientes de ajo

1 guindilla

Elaboración:

1. En un poco de aceite de oliva doramos a fuego suave los ajos pelados y partidos en láminas y la guindilla.

2. Los sacamos y dejamos que el aceite baje un poco la temperatura.

3. Doramos en la misma olla los lomos de bacalao durante 1 minuto con la piel hacia arriba.

4. Damos la vuelta a los lomos y cocinamos 3 minutos más. Es importante «cocer» en aceite, no freír, y para ello mantenemos baja la temperatura del aceite.

5. Retiramos el bacalao de la olla y poco a poco vamos quitando el aceite hasta quedarnos con la sustancia blanca (la gelatina) que ha ido soltando el bacalao.

6. Apartamos la olla del fuego y con ayuda de un colador, unas varillas o simplemente moviendo de forma circular la olla, vamos añadiendo en hilo el aceite que hemos retirado anteriormente. Continuamos realizando movimientos circulares durante 10 minutos para conseguir el pilpil.

7. Cuando lo tengamos hecho, metemos de nuevo el bacalao en la olla, la calentamos, movemos durante 1 minuto y ya está listo.

Consejo:

Para darle un toque diferente puedes infusionar el aceite en el que vas a dorar el bacalao, por ejemplo, con un hueso de jamón o con hierbas aromáticas.

MERLUZA
A LA KOSKERA

Ingredientes para 4 comensales:

1 kg de merluza en rodajas o en lomos

100 g de guisantes cocidos

100 g de cebolla

2 dientes de ajo

8 puntas de espárragos

100 g de almejas limpias

100 g de gambas peladas

1 dl de fumet

2 huevos duros en cuartos

2 cucharadas de perejil picado

Sal

Pimienta

Harina

Elaboración:

1. Salpimentamos y enharinamos la merluza.

2. Pelamos la cebolla y los ajos y en una olla los pochamos picados finamente, hasta que estén tiernos.

3. Subimos el fuego, incorporamos la merluza y la doramos por ambos lados.

4. Añadimos el fumet o caldo de pescado y hortalizas y dejamos cocer durante aproximadamente 4 minutos sin dejar de mover la olla para conseguir que la salsa espese.

5. Incorporamos a la olla las gambas peladas, las puntas de espárragos, las almejas, los guisantes y los huevos duros.

6. Continuamos cocinando 1 minuto más, espolvoreamos por encima el perejil picado y servimos muy caliente.

Consejo:
Sala 20 minutos antes la merluza para que se reparta la sal de manera más homogénea.

PASTEL
DE ARROZ

Ingredientes para 4 comensales:

120 g de harina de arroz

½ l de leche

3 huevos

1 lámina de hojaldre

100 g de mantequilla

120 g de azúcar

Elaboración:

1. En un bol mezclamos la mantequilla a temperatura ambiente con el azúcar.

2. Sin dejar de batir añadimos los huevos de uno en uno.

3. Poco a poco incorporamos la harina de arroz tamizada, es decir, pasada por un colador, y batimos enérgicamente para conseguir una mezcla homogénea.

4. Continuamos batiendo y, sin parar, añadimos la leche.

5. Precalentamos el horno a 180 °C y untamos un molde con mantequilla.

6. Colocamos el hojaldre cubriendo la base y los laterales del molde, evitando que queden huecos o pompas.

7. Vertemos la mezcla encima del hojaldre y lo metemos al horno durante aproximadamente media hora o hasta que esté ligeramente dorado.

Consejo:

Es probable que la mezcla te quede grumosa. No pasa nada, es completamente normal.

TXANGURRO

A LA VASCA

Ingredientes para 4 comensales:

1 centollo

25 g de mantequilla

75 g de jamón serrano en juliana fina

½ kg de tomate

50 g de miga fresca o pan rallado

⅛ de cebolla

½ diente de ajo

1 cucharada de perejil picado

1½ copa de brandy

Aceite de oliva

Pimienta

Sal

Azúcar

Elaboración:

1. Ponemos a cocer el txangurro en 5 litros de agua con 300 gramos de sal. Calculamos que debemos dejarlo al fuego 1 minuto por cada 100 gramos de peso del centollo. Después lo refrescamos y le sacamos la carne.

2. Pelamos y picamos la cebolla y el medio diente de ajo y los pochamos en un poco de aceite junto con el jamón. Añadimos un toque de pimienta.

3. Incorporamos el tomate rallado y el perejil picado y cocinamos hasta obtener una pasta seca. Se puede añadir azúcar para corregir la acidez del tomate.

4. Añadimos la carne del centollo y el brandy y flambeamos, es decir, quemamos el alcohol.

5. Apartamos del fuego, añadimos la mitad de la miga o el pan rallado y rellenamos el centollo.

6. Espolvoreamos el resto de la miga por encima junto con la mantequilla en trocitos.

7. Lo metemos al horno para gratinarlo.

Consejo:

Puedes hacerlo también con un buen chorizo ibérico o incluso rellenarlo con un queso ahumado.

PRINCIPADO DE ASTURIAS

Aromas y sabores, sus quesos son un bocado placentero, y sus fabes, el reencuentro con los recuerdos más auténticos de la tradición.

ALUBIAS
CON SABADIEGOS

Ingredientes para 4 comensales:

500 g de alubias

2 chorizos sabadiegos

2 morcillas

100 g de lacón

100 g de tocino

1 cebolla

2 dientes de ajo

Sal

Elaboración:

1. Ponemos a remojo las alubias (o fabes si quieres usar la variedad asturiana) la noche anterior. También ponemos el día anterior los chorizos, las morcillas, el lacón y el tocino en agua templada.

2. Aprovechamos el agua de los remojos y la ponemos en una cazuela junto con las alubias, todas las carnes, la cebolla troceada y los ajos enteros. Cuando el agua empieza a hervir, quitamos la espuma con ayuda de una espumadera.

3. Durante la cocción asustamos 3 veces el guiso, es decir, añadimos agua fría o hielo al agua hirviendo para cortar el hervor.

4. Dejamos al fuego hasta que las legumbres estén tiernas y rectificamos de sal. No añadimos sal al principio porque las carnes son saladas y es preferible esperar al final.

5. Troceamos los chorizos, las morcillas, el lacón y el tocino, y servimos.

Consejo:
Atrévete a hacer una exquisita crema con lo que te sobre de las alubias y el caldo, e incorpora por encima las carnes finamente picadas y salteadas con ajo.

ARROZ
CON LECHE ASTURIANO

**Ingredientes para
4 comensales:**

100 g de arroz

1 l de leche

90 g de azúcar

Piel de 1 limón

Piel de 1 naranja

110 g de mantequilla

1 ramita de canela

2 yemas de huevo (opcional)

Elaboración:

1. En una olla ponemos a cocer a fuego muy lento la leche con la piel del limón y la de la naranja y la ramita de canela.

2. Cuando esté a punto de hervir agregamos el arroz y removemos de vez en cuando.

3. Cuando el arroz esté casi tierno añadimos el azúcar y la mantequilla y dejamos cocer entre 5 y 10 minutos más.

Consejo:

Cuando ya esté hecho y fuera del fuego, añade 2 yemas de huevo y remueve, te quedará muy meloso. Atrévete a incorporar durante la cocción una hoja de laurel: el resultado es sorprendente.

CHORICITOS

A LA SIDRA CON MIEL Y ROMERO

Ingredientes para 4 comensales:

1 kg de choricitos pequeños y frescos

250 ml de sidra natural

60 g de miel

2 ramas de romero

Elaboración:

1. Para empezar quitamos la cuerda de los choricitos y los dividimos individualmente.

2. Colocamos los choricitos en una cazuela y los pinchamos para evitar que revienten durante la cocción.

3. Incorporamos la sidra, la miel y el romero y cocemos a fuego medio durante aproximadamente 20 minutos o hasta que se evapore el alcohol.

4. Servimos inmediatamente.

Consejo:

Puedes dorar los choricitos antes de la cocción pero, personalmente, me gusta más que suelten su jugo en la salsa.

TORTOS

DE MAÍZ

Ingredientes para 4 comensales:

300 g de harina de maíz

100 g de harina de trigo

Agua templada

Aceite de oliva

1 cucharadita de sal

Elaboración:

1. En un bol grande mezclamos la harina de maíz con la harina de trigo y la sal.

2. Vamos incorporando poco a poco el agua templada y con las manos mezclamos bien de forma que no se pegue la masa.

3. Dejamos que la masa repose en la nevera durante al menos 2 horas para que quede homogénea.

4. Dividimos la masa en bolitas y las estiramos muy finas con ayuda de un rodillo ligeramente enharinado.

5. Freímos las tortas en aceite muy caliente hasta que estén doradas y crujientes.

Consejo:

Funcionan igual de bien como acompañamiento de recetas tanto dulces como saladas.

REGIÓN DE MURCIA

La patria bella de la huerta sultana siempre llena de azahar, pimientos, tomates, calabacines y ricas viandas de costa que ayudan a confeccionar deliciosos calderos.

CALDERO

DEL MAR MENOR

Ingredientes para 4 comensales:

400 g de arroz

150 ml de aceite de oliva virgen extra

250 g de langostinos

350 g de tomates maduros

5 dientes de ajo

5 ñoras

2 cucharadas de perejil picado

2 kg de diferentes pescados limpios y con sus espinas aparte (dorada, lubina, etc.)

2 l de agua

Azafrán

Elaboración:

1. Pelamos los ajos y les retiramos el brote interior. Retiramos también las semillas de las ñoras.

2. En un caldero sofreímos las ñoras en 75 mililitros de aceite. Añadimos los tomates maduros rallados y las cabezas y las espinas de los pescados.

3. Retiramos las ñoras y agregamos 2 litros de agua.

4. Cogemos un poco del caldo y trituramos en él las ñoras, el azafrán y los ajos crudos. Incorporamos esta mezcla de nuevo al caldo.

5. Troceamos los pescados en porciones grandes y los cocemos con el marisco en el caldo durante 5 minutos aproximadamente.

6. Retiramos los pescados del caldo y los reservamos en una fuente.

7. Colamos el caldo, lo ponemos al fuego y añadimos el arroz. Lo cocemos durante unos 16 minutos.

8. Una vez que el arroz esté en su punto lo retiramos del fuego.

9. Servimos el arroz como primer plato y el pescado como segundo.

Consejo:

Sirve con un alioli tradicional y añádele un poco de manzana asada triturada. Quedará delicioso.

ENSALADA
MURCIANA

Ingredientes para 4 comensales:

½ kg de tomate pera en conserva (de calidad)

1 cebolla

100 g de atún en conserva

75 g de aceitunas de Cieza partidas

1 huevo duro

Aceite de oliva virgen extra

Sal

Elaboración:

1. Partimos los tomates en trozos pequeños.

2. Picamos la cebolla en juliana, es decir, en tiras finas.

3. Mezclamos los tomates con la cebolla, el atún en conserva desmigado, el aceite de oliva virgen extra y la sal.

4. Para finalizar adornamos con las aceitunas y el huevo duro.

Consejo:
Sirve la ensalada bien fría cambiando, si te apetece, el atún por bacalao ahumado.

OLLA
GITANA

Ingredientes para 4 comensales:

250 g de garbanzos

200 g de judías verdes

500 g de patatas

250 g de calabaza

1 tomate

1 cebolla

1 cucharada rasa de pimentón dulce

Una pizca de azafrán

1 cucharadita de hierbabuena seca

Aceite de oliva virgen extra

Elaboración:

1. Los garbanzos deberán estar a remojo al menos desde la noche anterior.

2. Ponemos a cocer los garbanzos en agua hirviendo (es la única legumbre que se comienza en agua hirviendo).

3. Cuando falten 20 minutos para que los garbanzos estén tiernos, añadimos las judías verdes sin hebras y cortadas en trozos junto con las patatas cacheladas y la calabaza partida en trozos pequeños.

4. Por otro lado, en una sartén con un poco de aceite, sofreímos la cebolla pelada y partida en trocitos junto con el tomate rallado. Añadimos el pimentón dulce, el azafrán y la hierbabuena. Continuamos cocinando hasta que el tomate pierda toda el agua.

5. Incorporamos el sofrito a los garbanzos y cocinamos durante 5 minutos más.

Consejo:
Una de las variantes más curiosas de este plato murciano resulta de añadir peras en el momento de la cocción.

PAPARAJOTE
DE... LIMÓN DE LIMONERO

Ingredientes para 4 comensales:

Hojas de limonero

Ralladura de 1 limón

2 huevos

½ l de leche

1 cucharada rasa de levadura química

500 g de harina

100 g de azúcar

Aceite de oliva virgen extra

Azúcar glas

Canela en polvo

Elaboración:

1. En un bol amplio mezclamos la harina tamizada junto con la levadura y la ralladura de limón.

2. En otro bol batimos los huevos de uno en uno y añadimos la leche y 40 gramos de azúcar.

3. Poco a poco unimos los ingredientes de los dos boles y mezclamos hasta conseguir una masa ligera y lo suficientemente espesa como para que se quede adherida a las hojas de limonero.

4. Limpiamos muy bien las hojas de limonero y las rebozamos en la masa. Las freímos por ambos lados hasta que queden doradas.

5. Dejamos reposar sobre un papel absorbente para retirar el exceso de aceite.

6. En un bol mezclamos el azúcar restante con la canela y el azúcar glas y rebozamos las hojas de limonero fritas.

7. Servimos crujientes.

Consejo:
Si nunca la has probado, debes saber que la hoja de limonero no se come, solo el rebozado.

PERDICES

EN ENSALADA

Ingredientes para 4 comensales:

4 cogollos de lechuga

100 g de tomate cherry

50 g de piñones

50 g de pasas

1 cucharada de miel

2 cucharadas de aceite de oliva virgen extra

1 cucharada de vinagre

Sal

Pimienta

Elaboración:

1. Limpiamos y cortamos en cuartos los cogollos de lechuga.

2. Partimos los tomates cherry por la mitad.

3. Tostamos los piñones en una sartén a fuego medio sin nada de aceite para que no se hagan demasiado.

4. Para hacer la vinagreta ponemos en un vaso la miel, el aceite de oliva virgen extra y el vinagre y mezclamos bien. Salpimentamos.

5. Para emplatar colocamos los cogollos, salseamos con la vinagreta e incorporamos las pasas y los piñones por encima.

Consejo:

No te preocupes, no lo has leído mal, en Murcia se denomina «perdices» a los cogollos de lechuga. Puedes terminar el plato con una buena ventresca y con pimiento asado.

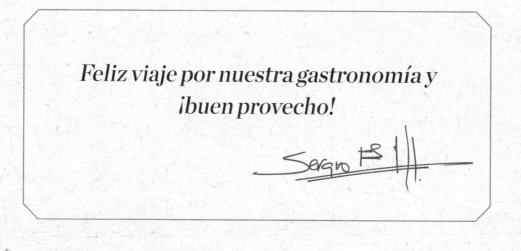

*Feliz viaje por nuestra gastronomía y
¡buen provecho!*

Sergio PS

Agradecimientos

A Mario Benítez, chef y profesor de hostelería y turismo, por su colaboración en la realización, elaboración y decoración de las recetas.

A Ana Gómez, cuyo magnífico trabajo fotográfico ha embellecido todos y cada uno de estos platos.

A Arribas Equipamientos Hosteleros.

A cada una de las personas que han abierto su casa de par en par y compartido joyas gastronómicas conmigo.

A la escuela de cocina Kitchen Madrid.

A Mamá Campo, por la amable hospitalidad con que me abrieron las puertas de sus restaurantes y su tienda para elaborar estas recetas.

A las D.O.P. e I.G.P., por su constante labor y entrega.

A la Federación Española de Cofradías Vínicas y Gastronómicas (FECOES), por su afán por mantener vivas nuestras raíces.

ÍNDICE DE RECETAS

CASTILLA Y LEÓN

CASTILLA-LA MANCHA

CATALUÑA

COMUNIDAD DE MADRID

COMUNIDAD VALENCIANA

NAVARRA

PAÍS VASCO

PRINCIPADO DE ASTURIAS

REGIÓN DE MURCIA